Recettes, photos et stylisme
Marie-Laure Tombini

Ô delices.com

PAINS CHÔ !

Salés et sucrés
à la machine à pain

MANGO

SÔmmaire

Pain blanc	4
Pain de mie aux céréales	6
Pain à la moutarde	8
Pain intégral	10
Pâte à pizza	12
Baguette tradition	14
Pain à la farine de quinoa	16
Pains à la farine de sarrasin	18
Petits pains riz, carotte et cumin	20
Petits pains aux olives	22
Petits pains au pesto	24
Fougasses au chorizo et au paprika	26
Pains roulés à la roquette et à la feta	28
Petits pains de maïs au pavot	30
Petits pains aux oignons et au curry	32
Pain au lait de coco	34
Pain brioché aux raisins	36
Pain banane et miel	38
Pain moelleux au yaourt	40
Pains aux noix et figues	42
Pains viennois aux pépites de chocolat	44
Briochettes à la fleur d'oranger	46
Petits pains aux pistaches	48
Kouglof aux raisins	50
Petits pains à la farine de châtaigne	52
Petits pains au lait de soja	54
Pains marguerites à la vanille	56
Petits pains aux noisettes	58
Pains hérissons	60
Petites tortues briochées	62

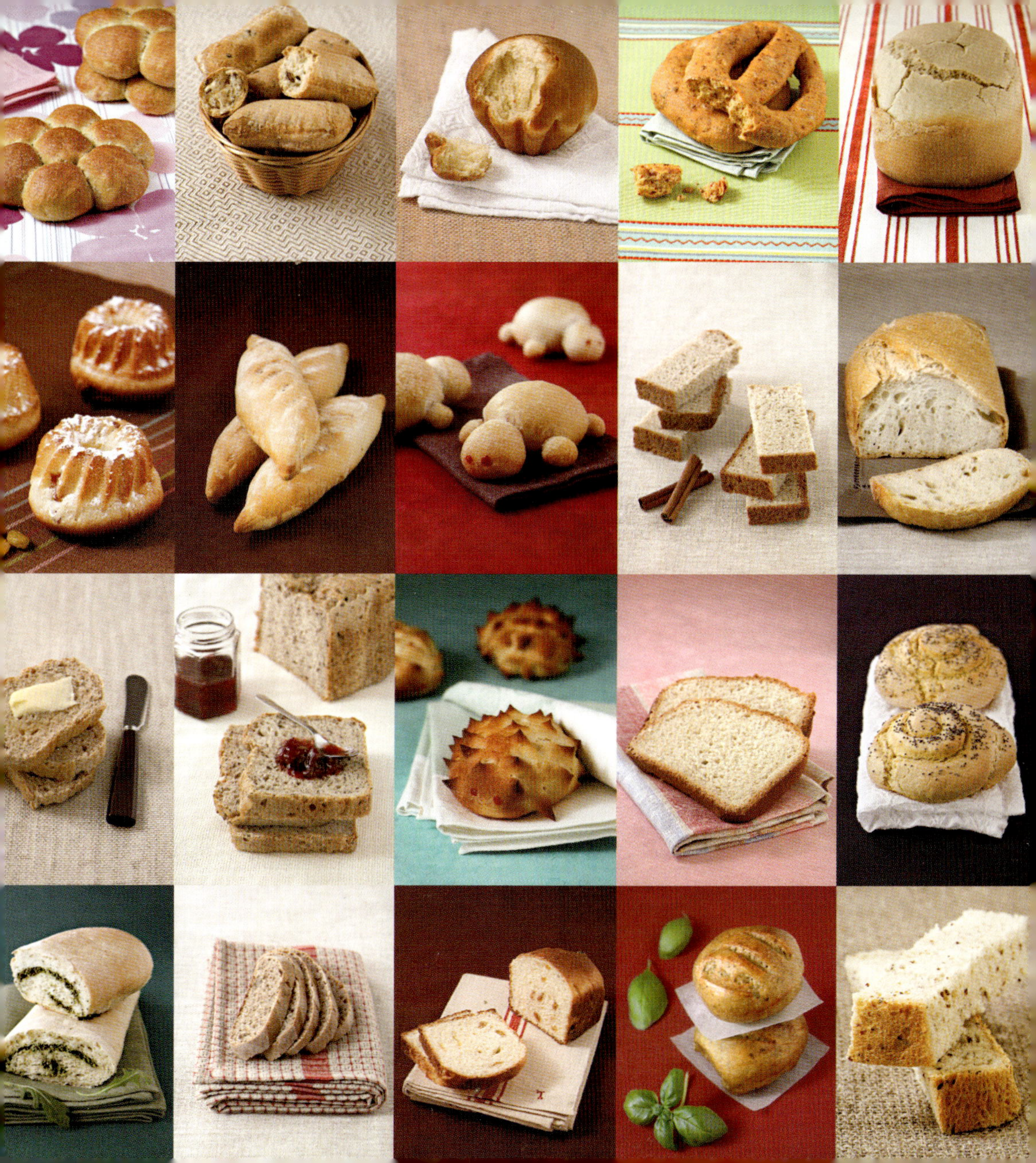

Pain blanc

Pour 1 pain
Préparation : 5 min
Repos : 15 min
Programme pain basic : 4 h

1 sachet de levure de boulanger déshydratée
450 g de farine de blé T55
1 cuillerée à café de sel
1 cuillerée à café de sucre semoule
1 cuillerée à soupe d'huile de tournesol

1. Délayez la levure dans 3 cuillerées à soupe d'eau tiède. Laissez reposer 15 minutes.
2. Déposez la levure et la farine dans le bac à pain de la machine.
3. Ajoutez le sel, le sucre, l'huile et 22 centilitres d'eau tiède.
4. Lancez le programme pain basic.

Remarque : selon les machines à pain, le programme de base peut être nommé pain blanc ou pain basic.

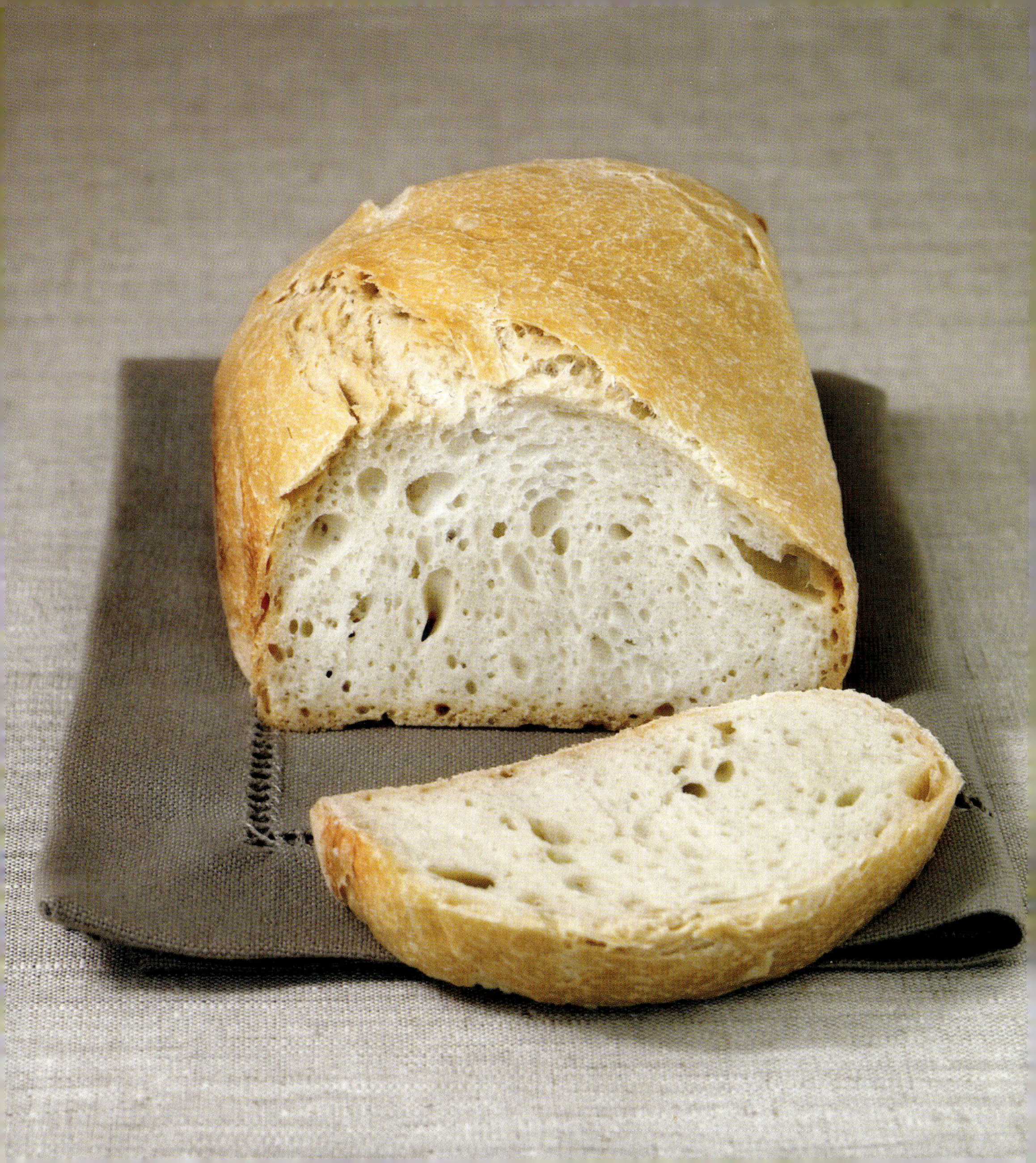

Pain de mie aux céréales

Pour 1 pain
Préparation : 15 min
Repos : 15 min
Programme pain basic : 4 h

1 sachet de levure de boulanger déshydratée
350 g de farine de blé T55
100 g de farine de seigle
1 cuillerée à soupe de graines de pavot
1 cuillerée à soupe de graines de sésame
1 cuillerée à soupe de graines de lin
1 cuillerée à café de sel
1 cuillerée à café de sucre semoule
1 cuillerée à soupe d'huile de tournesol

1. Délayez la levure dans 3 cuillerées à soupe d'eau tiède. Laissez reposer 15 minutes.
2. Déposez la levure et les farines dans le bac à pain de la machine.
3. Ajoutez les graines, le sel, le sucre, l'huile et 27 centilitres d'eau tiède.
4. Lancez le programme pain basic.

Variante : ajoutez des graines de tournesol ou de courge.
Mon conseil : ce pain est délicieux au petit déjeuner avec de la confiture ou du beurre.

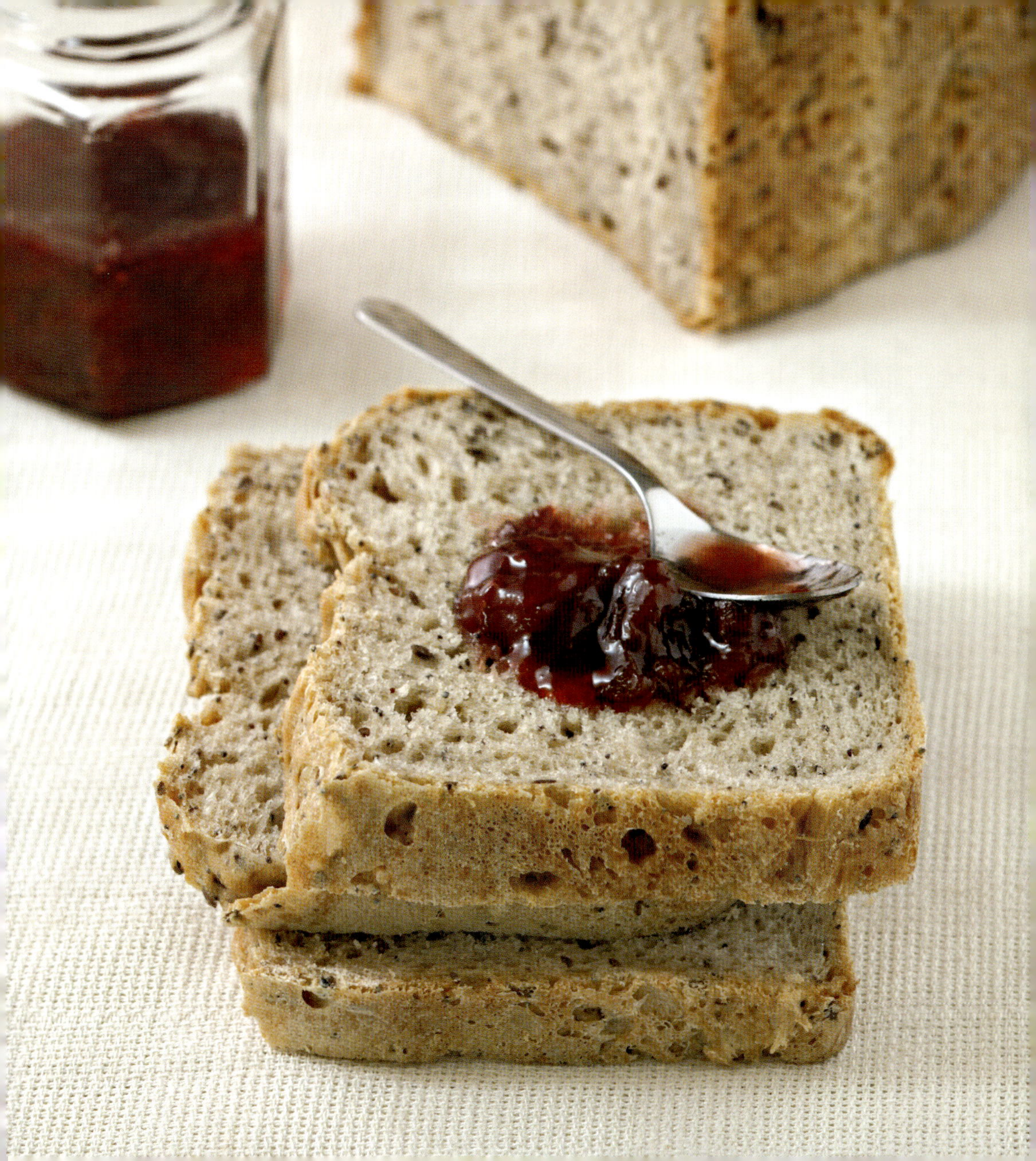

Pain à la moutarde

Pour 1 pain
Préparation : 5 min
Repos : 15 min
Programme pain basic : 4 h

1 sachet de levure de boulanger déshydratée
450 g de farine de blé T55
3 cuillerées à soupe de moutarde à l'ancienne
30 g de beurre fondu
1 cuillerée à café de sel
1 cuillerée à café de sucre semoule

1. Délayez la levure dans 3 cuillerées à soupe d'eau tiède. Laissez reposer 15 minutes.
2. Déposez la levure et la farine dans le bac à pain de la machine.
3. Ajoutez la moutarde, le beurre, le sel, le sucre et 22 centilitres d'eau tiède.
4. Lancez le programme pain basic.

Mon conseil : ce pain est délicieux avec une viande en sauce ou un morceau de fromage.

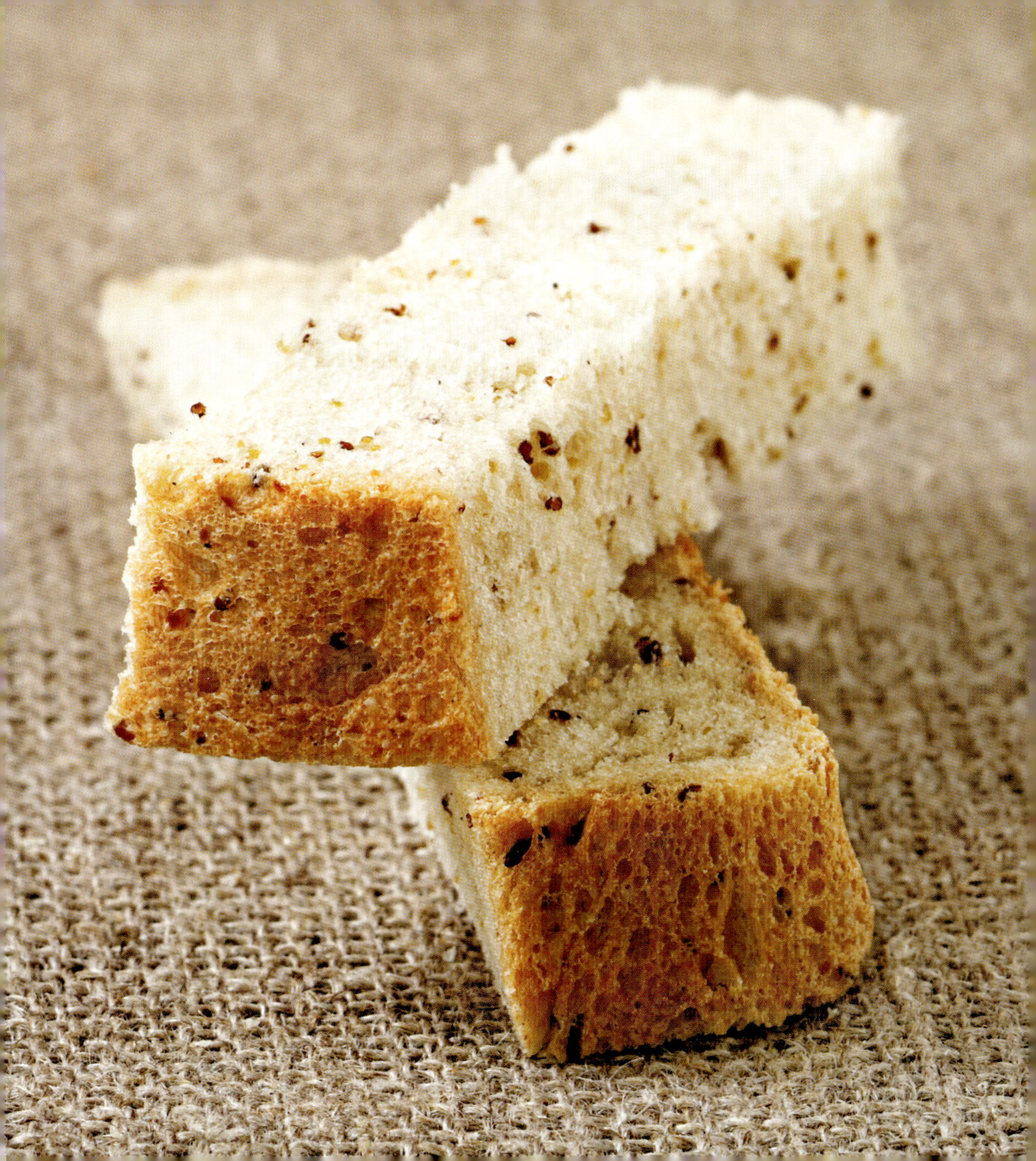

Pain intégral

Pour 3 petits pains
Préparation : 15 min
Cuisson : 30 min
Repos : 45 min
Programme pâte : 2 h 20

1 sachet de levure de boulanger déshydratée
150 g de farine de blé T55
300 g de farine de blé intégrale T180
1 cuillerée à soupe d'huile de tournesol
1 cuillerée à café de sel
1 cuillerée à café de sucre semoule

1. Délayez la levure dans 3 cuillerées à soupe d'eau tiède. Laissez reposer 15 minutes.

2. Dans le bac à pain de la machine, déposez la levure, les farines, l'huile, le sel, le sucre et 25 centilitres d'eau tiède. Lancez le programme pâte.

3. Posez la pâte sur un plan de travail fariné. Partagez-la en 3 parts égales. Aplatissez chaque morceau avec la paume de la main pour chasser l'air et pliez-le en trois. Façonnez des baguettes. Déposez-les sur la plaque du four recouverte de papier sulfurisé. Faites des incisions à l'aide d'un couteau pointu ou d'une lame de rasoir.

4. Laissez lever 30 minutes dans un endroit tempéré. Faites cuire 30 minutes dans le four préchauffé à 190 °C (th. 6-7).

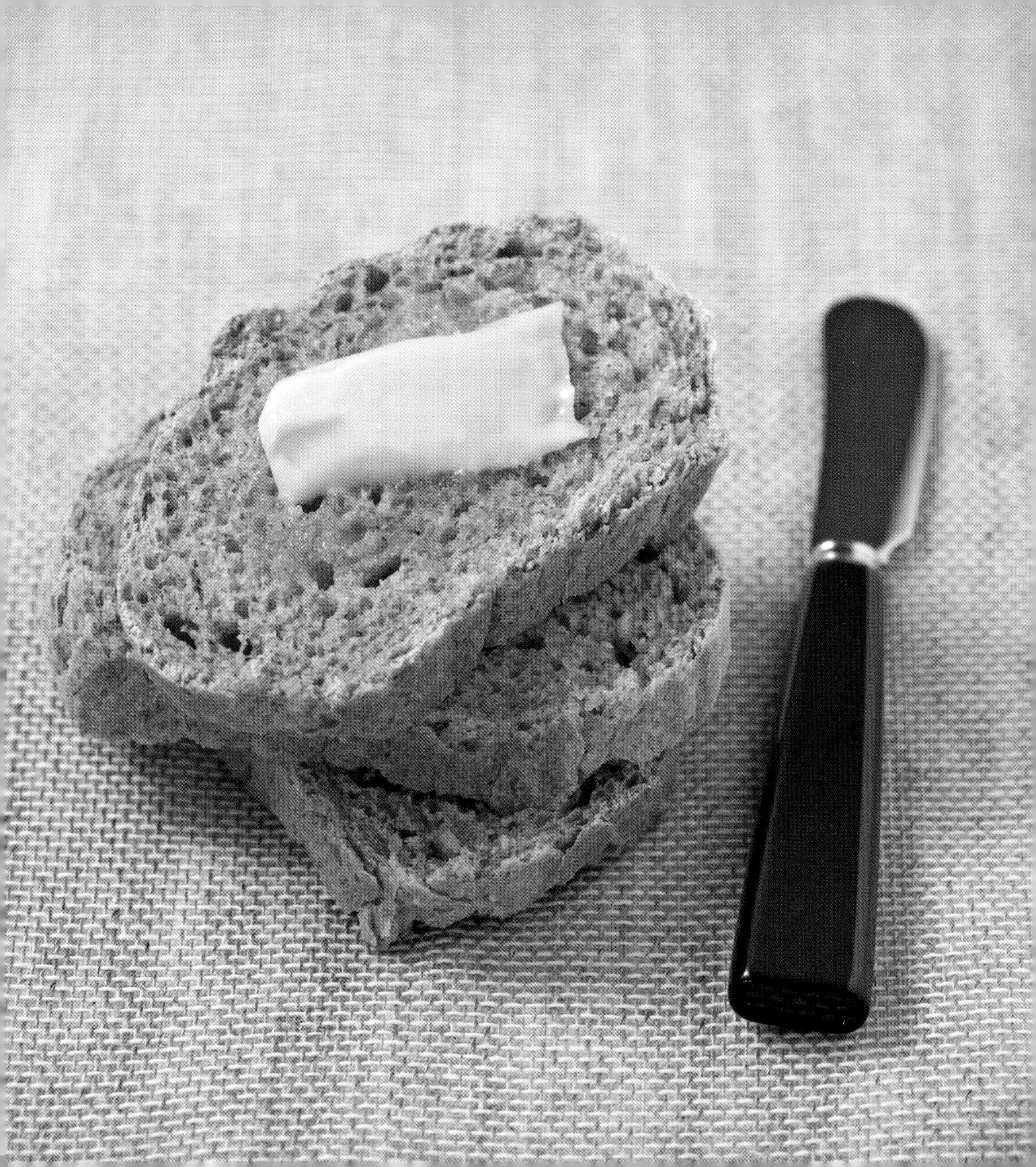

Pâte à pizza

Pour 2 pizzas
Préparation : 15 min
Repos : 15 min
Programme pizza : 45 min

1 sachet de levure de boulanger déshydratée
450 g de farine de blé T55
1 cuillerée à café de sel
1 cuillerée à café de sucre semoule
2 cuillerées à soupe d'huile d'olive

1. Délayez la levure dans 3 cuillerées à soupe d'eau tiède. Laissez reposer 15 minutes.
2. Déposez la levure et la farine dans le bac à pain de la machine.
3. Ajoutez le sel, le sucre, l'huile et 22 centilitres d'eau tiède.
4. Lancez le programme pâte ou pizza.

Mon conseil : lorsque votre pâte est prête, étalez-la, badigeonnez-la de sauce tomate et garnissez d'ingrédients de votre choix.

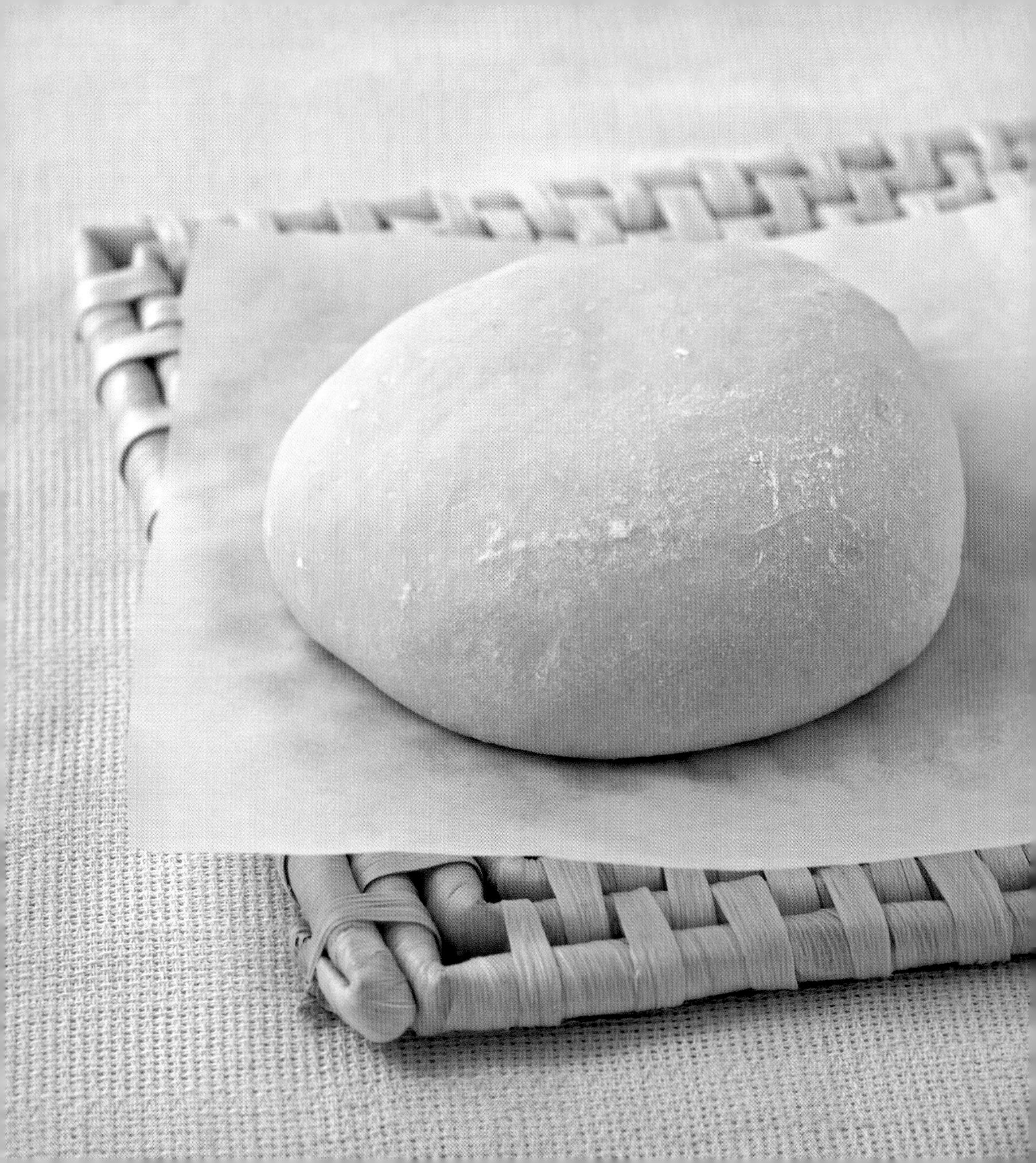

Baguette tradition

Pour 3 baguettes
Préparation : 15 min
Cuisson : 30 min
Repos : 45 min
Programme pâte : 2 h 20

1 sachet de levure de boulanger déshydratée
450 g de farine de blé T55
1 cuillerée à café de sel
1 cuillerée à café de sucre semoule
2 cuillerées à soupe d'huile d'olive
Lait pour dorer

1. Délayez la levure dans 3 cuillerées à soupe d'eau tiède. Laissez reposer 15 minutes.

2. Déposez la levure et la farine dans le bac à pain de la machine. Ajoutez le sel, le sucre, l'huile et 25 centilitres d'eau tiède. Lancez le programme pâte.

3. Posez la pâte sur un plan de travail fariné. Partagez-la en 3 parts égales. Aplatissez chaque morceau avec la paume de la main pour chasser l'air. Façonnez des baguettes avec un bout pointu et déposez-les sur la plaque du four. Faites des incisions à l'aide d'un couteau pointu ou d'une lame de rasoir. Badigeonnez la surface de lait.

4. Laissez lever 30 minutes dans un endroit tempéré. Faites cuire environ 30 minutes dans le four préchauffé à 190 °C (th. 6-7).

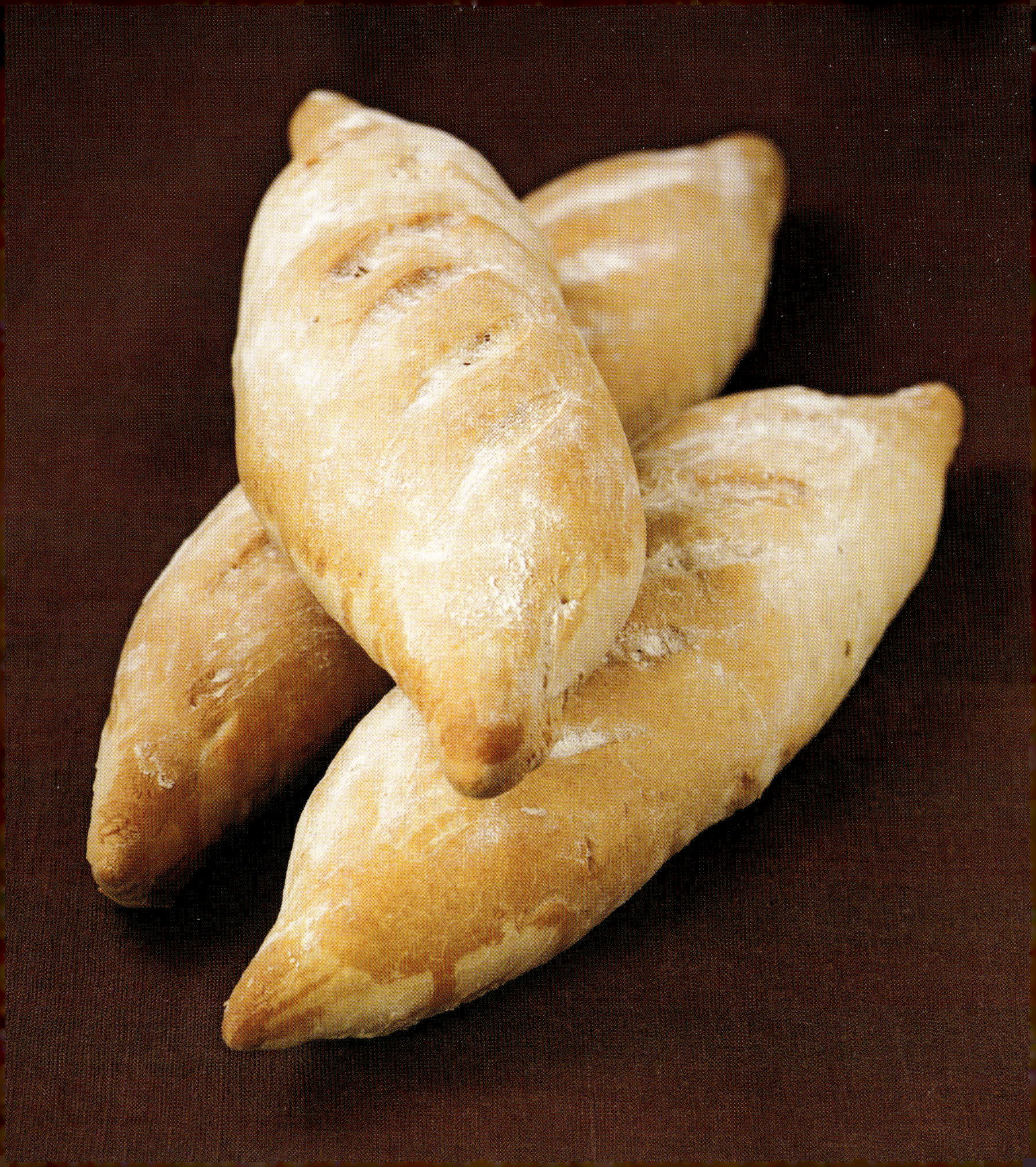

Pain à la farine de quinoa

Pour 1 pain
Préparation : 5 min
Repos : 15 min
Programme pain basic : 4 h

1 sachet de levure de boulanger déshydratée
350 g de farine de blé T55
100 g de farine de quinoa
2 cuillerées à soupe d'huile de colza
1 cuillerée à café de sel
1 cuillerée à café de sucre semoule

1. Délayez la levure dans 3 cuillerées à soupe d'eau tiède. Laissez reposer 15 minutes.
2. Déposez la levure et les farines dans le bac à pain de la machine.
3. Ajoutez l'huile, le sel, le sucre et 27 centilitres d'eau tiède.
4. Lancez le programme pain basic.

Remarque : la farine de quinoa s'achète dans les magasins bio.
Mon conseil : ce pain accompagnera à merveille un repas mexicain.

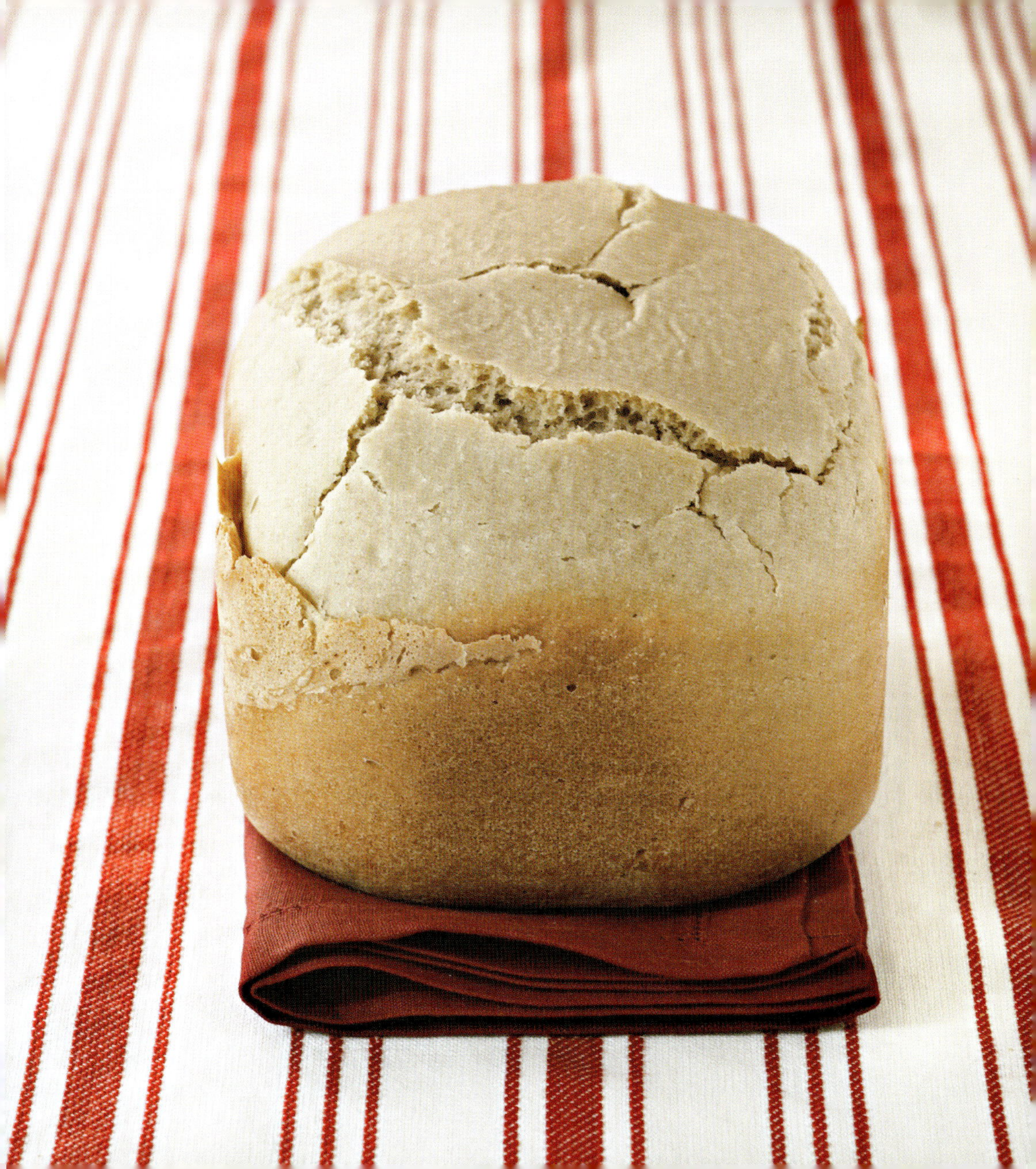

Pains à la farine de sarrasin

Pour 4 petits pains
Préparation : 15 min
Cuisson : 15 à 20 min
Repos : 45 min
Programme pâte : 2 h 20

1 sachet de levure de boulanger déshydratée
200 g de farine de blé T55
100 g de farine de sarrasin
2 cuillerées à soupe d'huile d'olive
1 cuillerée à café de sel
1 cuillerée à café de sucre semoule

1. Délayez la levure dans 3 cuillerées à soupe d'eau tiède. Laissez reposer 15 minutes.

2. Dans le bac à pain de la machine, déposez la levure, les farines, l'huile, le sel, le sucre et 18 centilitres d'eau tiède. Lancez le programme pâte.

3. Posez la pâte sur un plan de travail fariné. Partagez-la en 4 parts. Aplatissez chaque morceau avec la paume de la main pour chasser l'air.

4. Façonnez des petits pains et déposez-les sur la plaque du four recouverte de papier sulfurisé. Faites trois incisions à l'aide d'un couteau pointu ou d'une lame de rasoir. Laissez lever 30 minutes. Faites cuire 15 à 20 minutes dans le four préchauffé à 190 °C (th. 6-7).

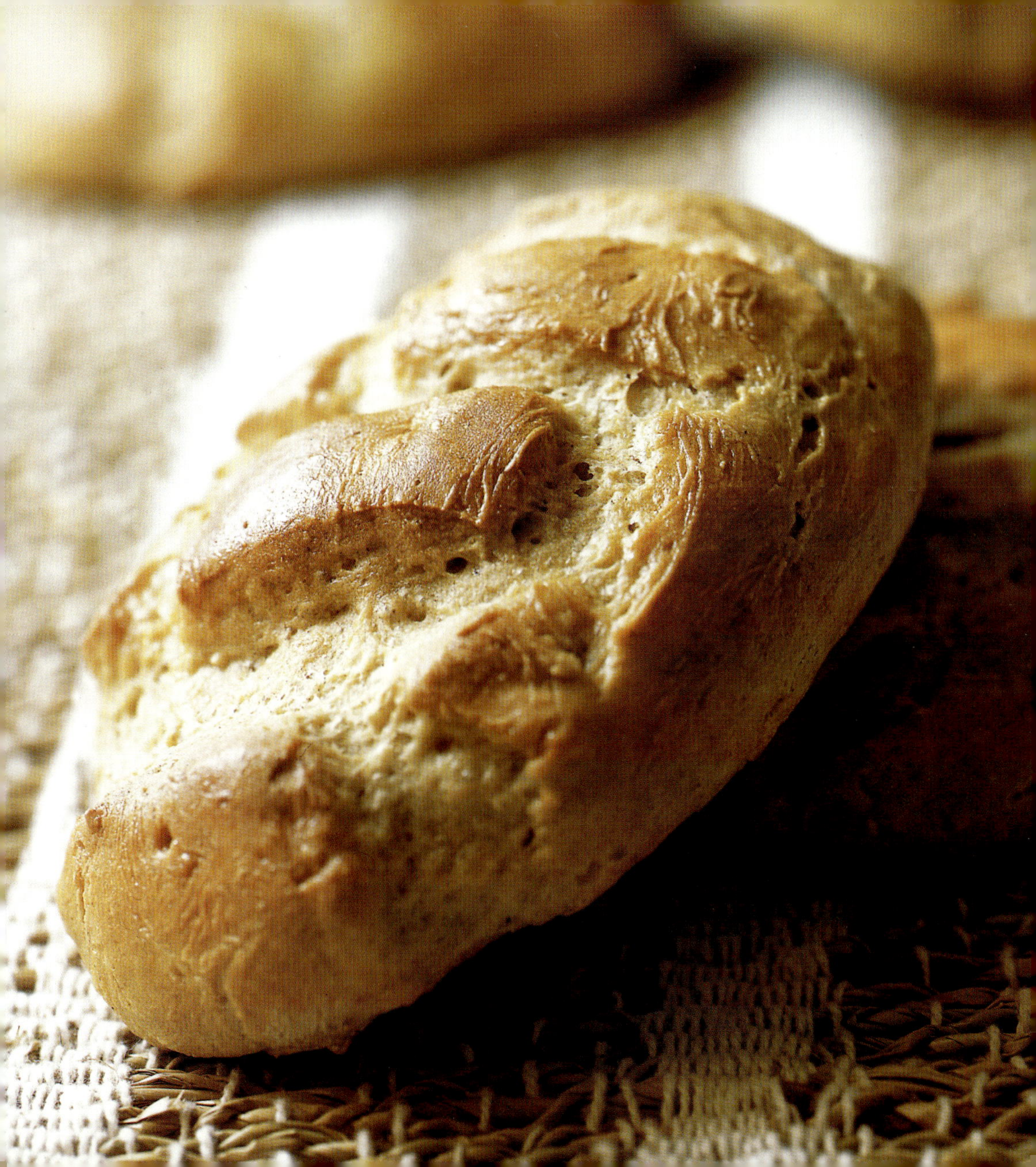

Petits pains riz, carotte et cumin

Pour 6 à 8 petits pains
Préparation : 15 min
Cuisson : 15 à 20 min
Repos : 45 min
Programme pâte : 2 h 20

1 sachet de levure de boulanger déshydratée
350 g de farine de blé T55
100 g de farine de riz
22 cl de jus de carotte
1 cuillerée à soupe de cumin
1 cuillerée à soupe d'huile d'olive
1 cuillerée à café de sel

1. Délayez la levure dans 3 cuillerées à soupe d'eau tiède. Laissez reposer 15 minutes.

2. Dans le bac à pain de la machine, déposez la levure, les farines, le jus de carotte, le cumin, l'huile et le sel. Lancez le programme pâte.

3. Posez la pâte sur un plan de travail fariné. Partagez-la en 6 à 8 parts égales. Aplatissez chaque morceau avec la paume de la main pour chasser l'air.

4. Façonnez des petits pains de forme allongée et déposez-les sur la plaque du four recouverte de papier sulfurisé. Faites des incisions dans le sens de la longueur à l'aide d'un couteau pointu ou d'une lame de rasoir. Laissez lever 30 minutes. Faites cuire 15 à 20 minutes dans le four préchauffé à 190 °C (th. 6-7).

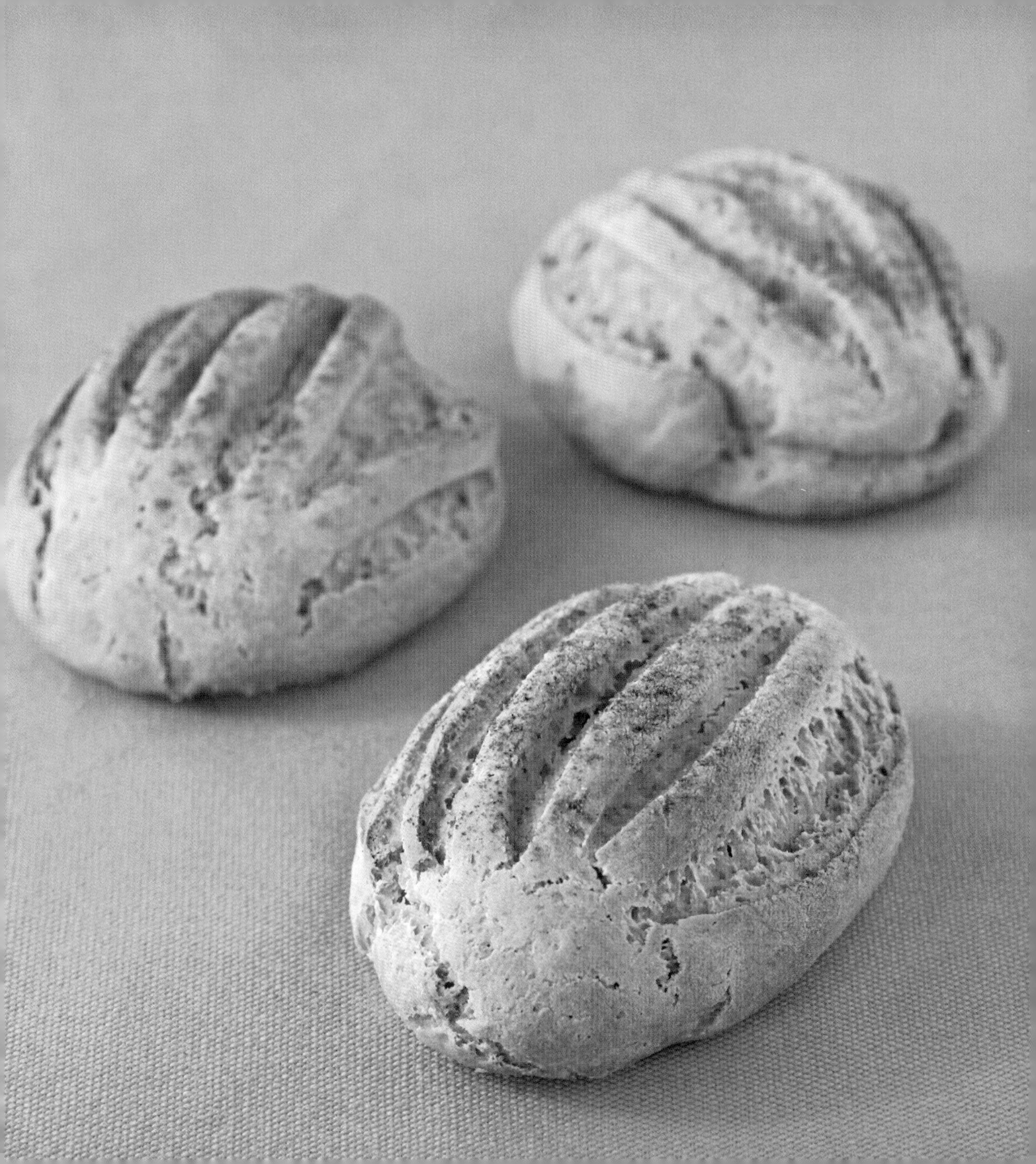

Petits pains aux olives

Pour une quinzaine de petits pains
Préparation : 15 min
Cuisson : 15 à 20 min
Repos : 45 min
Programme pâte : 2 h 20

1 sachet de levure de boulanger déshydratée
100 g d'olives vertes dénoyautées
450 g de farine de blé T55
1 cuillerée à soupe d'herbes de Provence
2 cuillerées à soupe d'huile d'olive
1 pincée de sel

1. Délayez la levure dans 3 cuillerées à soupe d'eau tiède. Laissez reposer 15 minutes.

2. Coupez les olives en rondelles. Dans le bac à pain de la machine, déposez la levure, la farine, les herbes de Provence, l'huile, le sel et 25 centilitres d'eau tiède. Lancez le programme pâte. Ajoutez les olives en cours de pétrissage.

3. Posez la pâte sur un plan de travail fariné. Partagez-la en une quinzaine de parts. Aplatissez chaque morceau avec la paume de la main pour chasser l'air et pliez-le en trois. Façonnez des petits pains.

4. Posez les pains sur la plaque du four recouverte de papier sulfurisé. Laissez lever 30 minutes. Faites cuire 15 à 20 minutes dans le four préchauffé à 190 °C (th. 6-7).

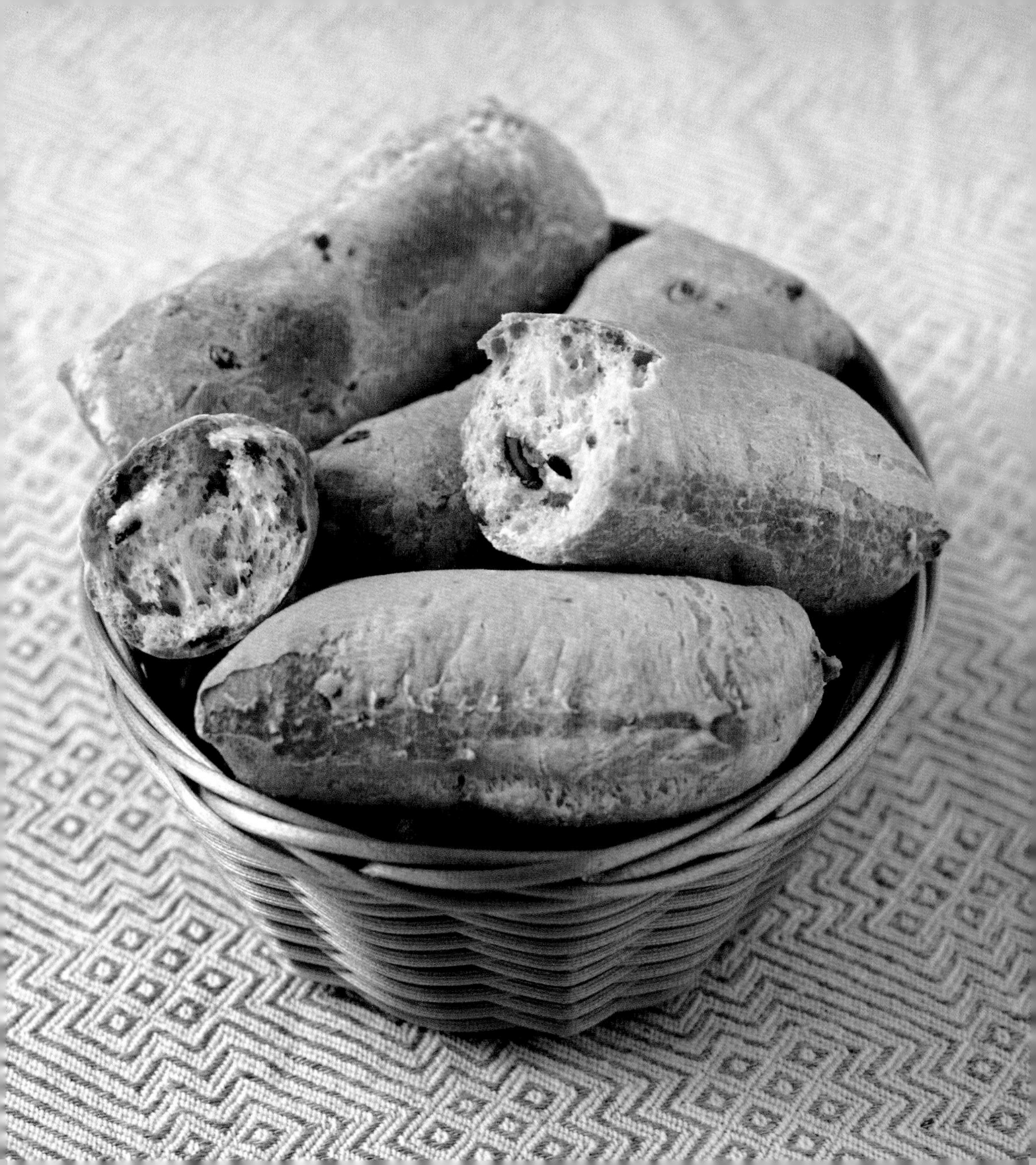

Petits pains au pesto

Pour une quinzaine de petits pains
Préparation : 15 min
Cuisson : 15 à 20 min
Repos : 15 min
Programme pâte : 2 h 20

1 sachet de levure de boulanger déshydratée
450 g de farine de blé T55
120 g de sauce pesto
2 cuillerées à soupe d'huile d'olive
1/2 cuillerée à café de sel
1 cuillerée à café de sucre semoule

1. Délayez la levure dans 3 cuillerées à soupe d'eau tiède. Laissez reposer 15 minutes.

2. Dans le bac à pain de la machine, déposez la levure, la farine, le pesto, l'huile, le sel, le sucre et 20 centilitres d'eau tiède. Lancez le programme pâte.

3. Posez la pâte sur un plan de travail fariné. Partagez-la en une quinzaine de parts. Aplatissez chaque morceau avec la paume de la main pour chasser l'air et pliez-le en trois.

4. Façonnez des petits pains et déposez-les sur la plaque du four recouverte de papier sulfurisé. Faites des incisions à l'aide d'un couteau pointu ou d'une lame de rasoir. Laissez lever 30 minutes. Faites cuire 15 à 20 minutes dans le four préchauffé à 190 °C (th. 6-7).

Mon conseil : j'utilise de la sauce pesto toute prête.
Variante : ajoutez des pignons de pin.

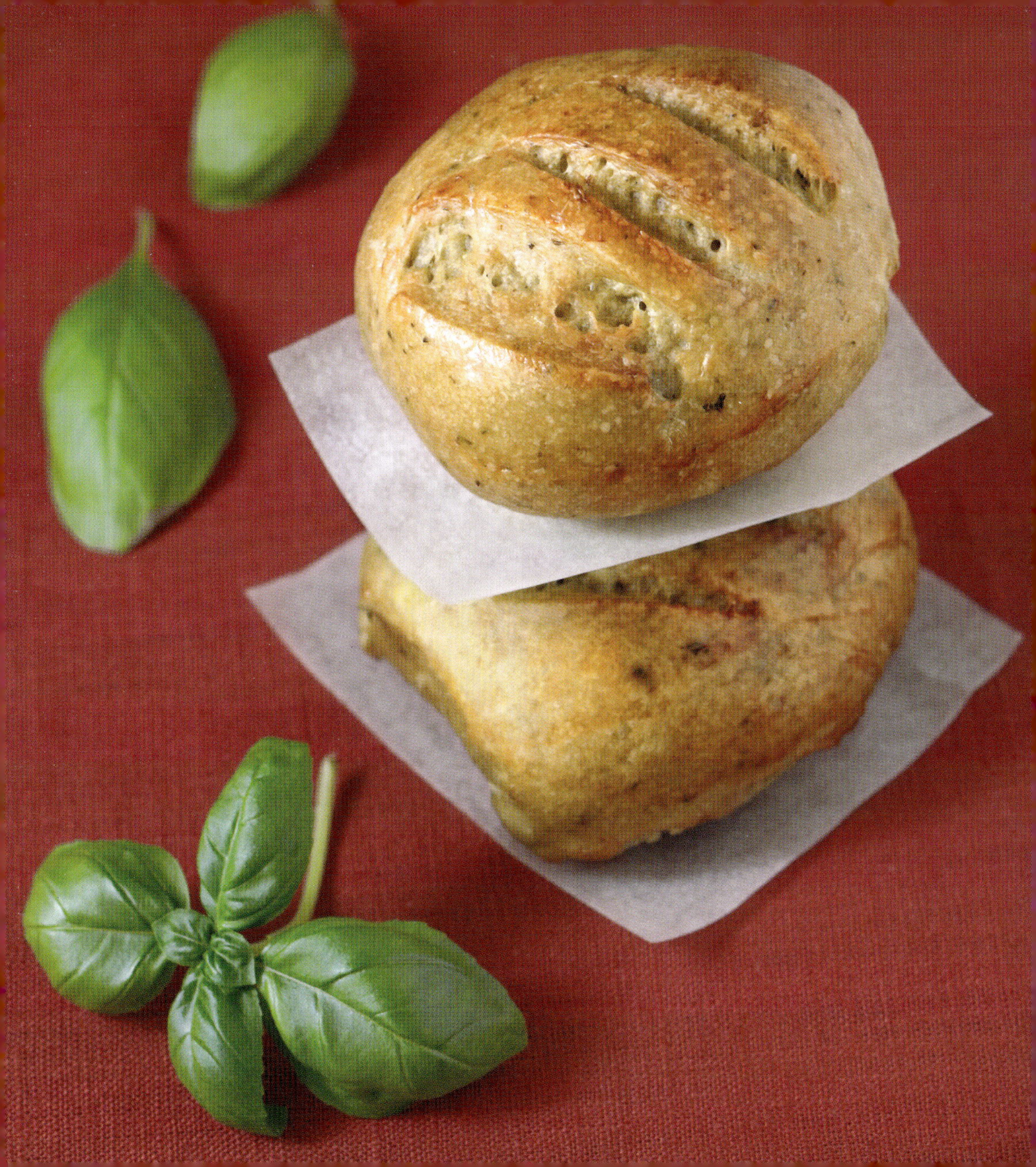

Fougasses au chorizo et au paprika

Pour 3 fougasses
Préparation : 15 min
Cuisson : 20 min environ
Repos : 30 min
Programme pâte : 2 h 20

1 sachet de levure rapide type Briochin®
250 g de farine de blé T55
25 g de gruyère râpé
1/2 cuillerée à café de paprika
1 cuillerée à soupe d'huile d'olive
1/2 cuillerée à café de sel
60 g de chorizo

1. Déposez la levure, la farine, le fromage et le paprika au fond de la cuve. Ajoutez l'huile, le sel et 13 centilitres d'eau. Placez le chorizo coupé en petits dés dans les bacs à fruits secs de la machine.
2. Lancez le programme pâte.
3. Posez la pâte sur le plan de travail fariné et aplatissez-la avec la paume de la main pour chasser l'air. Partagez-la en 3 parts égales. Façonnez des fougasses et déposez-les sur la plaque du four recouverte de papier sulfurisé.
4. Laissez reposer 30 minutes. Faites cuire environ 20 minutes dans le four préchauffé à 190 °C (th. 6-7).

Mon conseil : servez ce pain en petits cubes à l'apéritif.

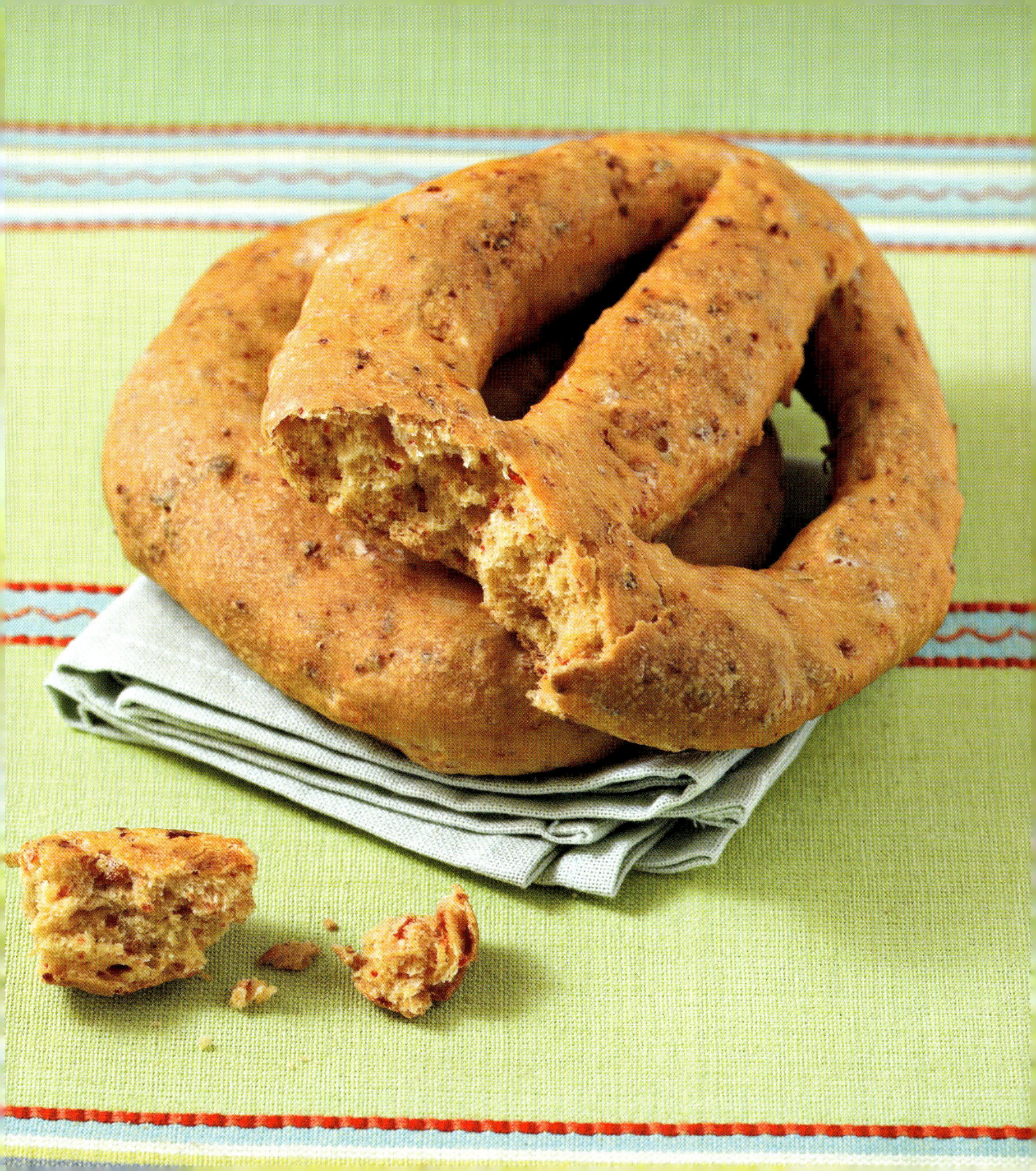

Pains roulés à la roquette et à la feta

Pour 2 pains roulés
Préparation : 15 min
Cuisson : 20 à 25 min
Repos : 45 min
Programme pâte : 2 h 20

1 sachet de levure de boulanger déshydratée
450 g de farine de blé T55
2 cuillerées à soupe d'huile d'olive
1 cuillerée à café de sel
1 cuillerée à café de sucre semoule
200 g de roquette
150 g de feta

1. Délayez la levure dans 3 cuillerées à soupe d'eau tiède. Laissez reposer 15 minutes.

2. Mixez ensemble la roquette et la feta pour avoir une consistance épaisse. Dans le bac à pain de la machine, déposez la levure, la farine, l'huile, le sel, le sucre et 22 centilitres d'eau tiède. Lancez le programme pâte.

3. Posez la pâte sur un plan de travail fariné. Partagez-la en 2 parts égales. Aplatissez chaque morceau avec la paume de la main pour chasser l'air. Façonnez en boules de forme allongée. Étalez-les avec un rouleau à pâtisserie. Garnissez le centre du mélange roquette-feta et roulez les pains.

4. Déposez les pains roulés sur la plaque du four recouverte de papier sulfurisé. Laissez lever 30 minutes. Faites cuire 20 à 25 minutes dans le four préchauffé à 190 °C (th. 6-7).

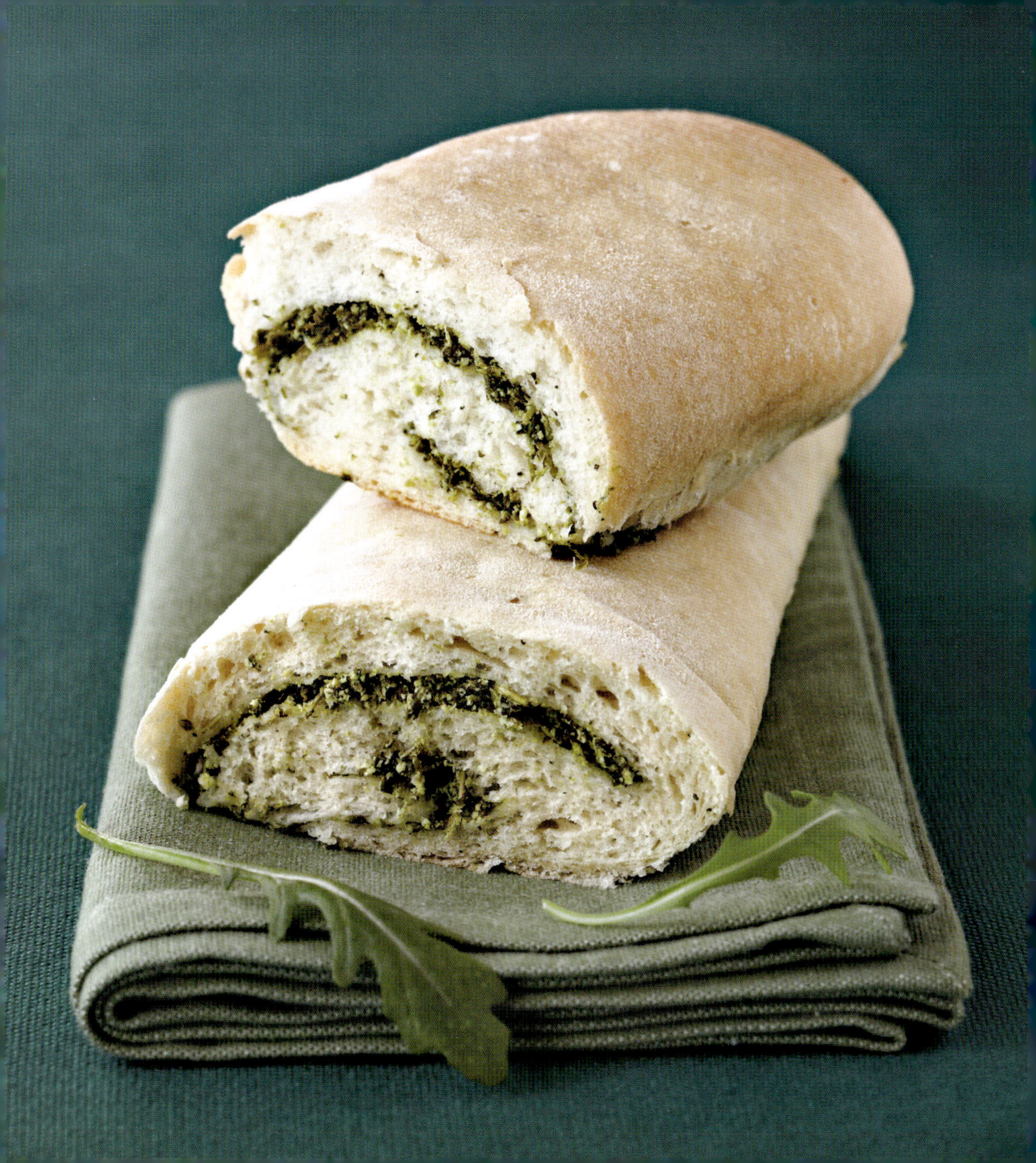

Petits pains de maïs au pavot

Pour 8 petits pains
Préparation : 15 min
Cuisson : 15 à 20 min
Repos : 45 min
Programme pâte : 2 h 20

1 sachet de levure de boulanger déshydratée
300 g de farine de blé T55
150 g de farine de maïs
2 cuillerées à soupe de graines de pavot
2 cuillerées à soupe d'huile d'olive
1 cuillerée à café de sel
1 cuillerée à café de sucre semoule

1. Délayez la levure dans 3 cuillerées à soupe d'eau tiède. Laissez reposer 15 minutes.

2. Dans le bac à pain de la machine, déposez la levure, les farines 1 cuillerée de graines de pavot, l'huile, le sel, le sucre et 22 centilitres d'eau tiède. Lancez le programme pâte.

3. Posez la pâte sur un plan de travail fariné. Partagez-la en 8 parts égales. Aplatissez chaque morceau avec la paume de la main pour chasser l'air. Façonnez en boule puis en long boudin. Roulez le boudin sur lui-même.

4. Déposez les pains roulés sur la plaque du four recouverte de papier sulfurisé. Badigeonnez-les d'eau froide et saupoudrez des graines de pavot restantes. Laissez lever 30 minutes. Faites cuire 15 à 20 minutes dans le four préchauffé à 190 °C (th. 6-7).

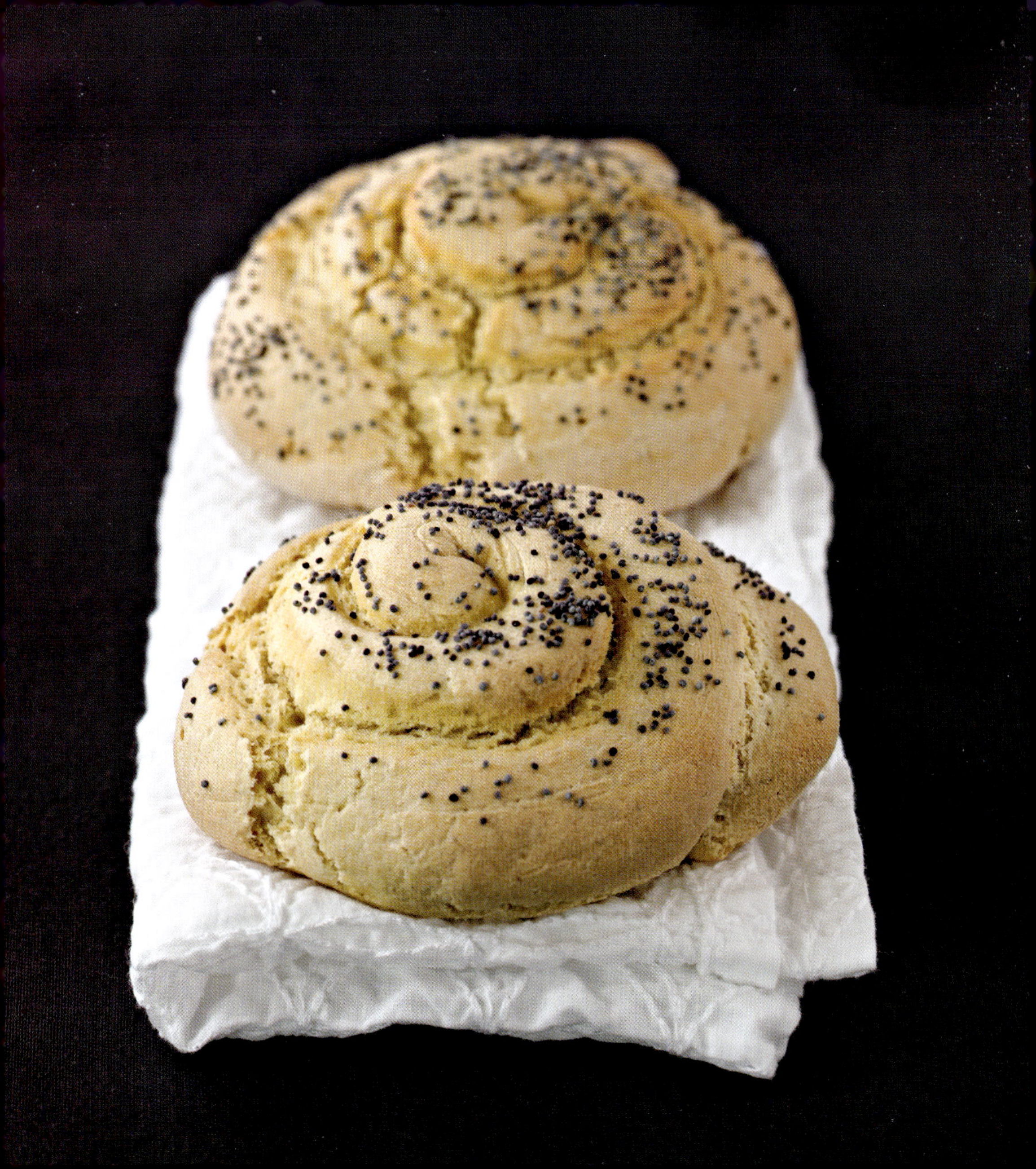

Petits pains aux oignons et au curry

Pour une vingtaine de petits pains
Préparation : 15 min
Cuisson : 15 à 20 min
Repos : 45 min
Programme pâte : 2 h 20

1 sachet de levure de boulanger déshydratée
3 oignons
450 g de farine de blé T55
1 cuillerée à soupe de curry
4 cuillerées à soupe d'huile d'olive
1 cuillerée à café de sel
1 cuillerée à café de sucre semoule

1. Délayez la levure dans 3 cuillerées à soupe d'eau tiède. Laissez reposer 15 minutes. Épluchez et émincez les oignons. Faites-les revenir dans une poêle 10 minutes avec 2 cuillerées à soupe d'huile d'olive.

2. Dans le bac à pain de la machine, déposez la levure, la farine, le curry, le reste d'huile, le sel, le sucre et 25 centilitres d'eau tiède. Lancez le programme pâte. Ajoutez les oignons en cours de pétrissage.

3. Posez la pâte sur un plan de travail fariné. Partagez-la en une vingtaine de parts égales. Aplatissez chaque morceau avec la paume de la main pour chasser l'air et pliez-le en trois.

4. Façonnez des petits pains et déposez-les sur la plaque du four recouverte de papier sulfurisé. Laissez lever 30 minutes. Faites cuire 15 à 20 minutes dans le four préchauffé à 190 °C (th. 6-7).

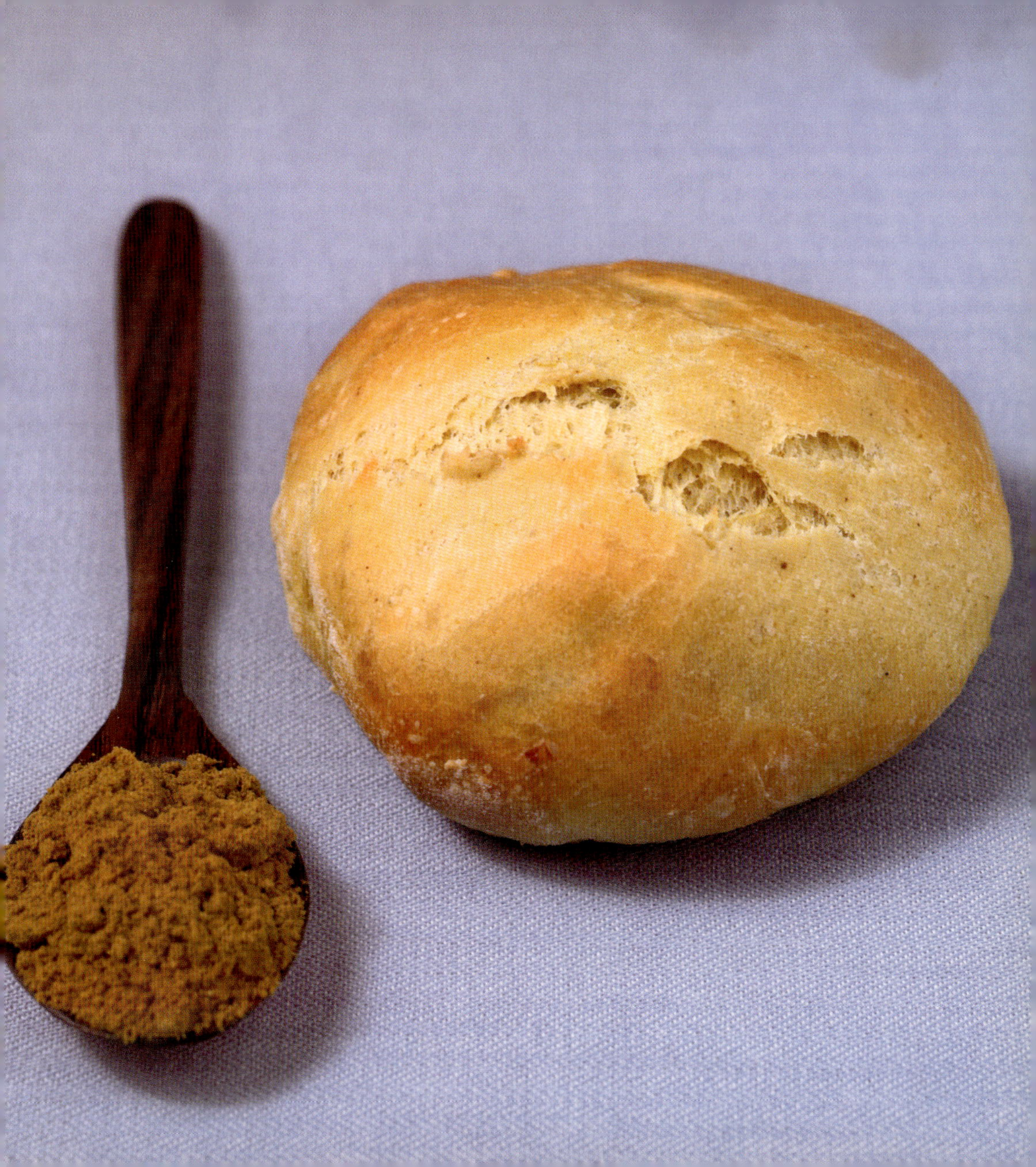

Pain au lait de coco

Pour 1 pain
Préparation : 15 min
Repos : 15 min
Programme pain basic : 4 h

1 sachet de levure de boulanger déshydratée
450 g de farine de blé T55
50 g de sucre semoule
20 cl de lait de coco
2 cuillerées à soupe d'huile de tournesol
1 cuillerée à café de sel

1. Délayez la levure dans 3 cuillerées à soupe d'eau tiède. Laissez reposer 15 minutes.
2. Déposez la levure et la farine dans le bac à pain de la machine.
3. Ajoutez le sucre, le lait de coco, l'huile, le sel et 5 centilitres d'eau tiède.
4. Lancez le programme pain basic.

Mon conseil : le lait de coco donne une texture moelleuse au pain. N'hésitez pas à ajouter des fraises et ananas séchés.

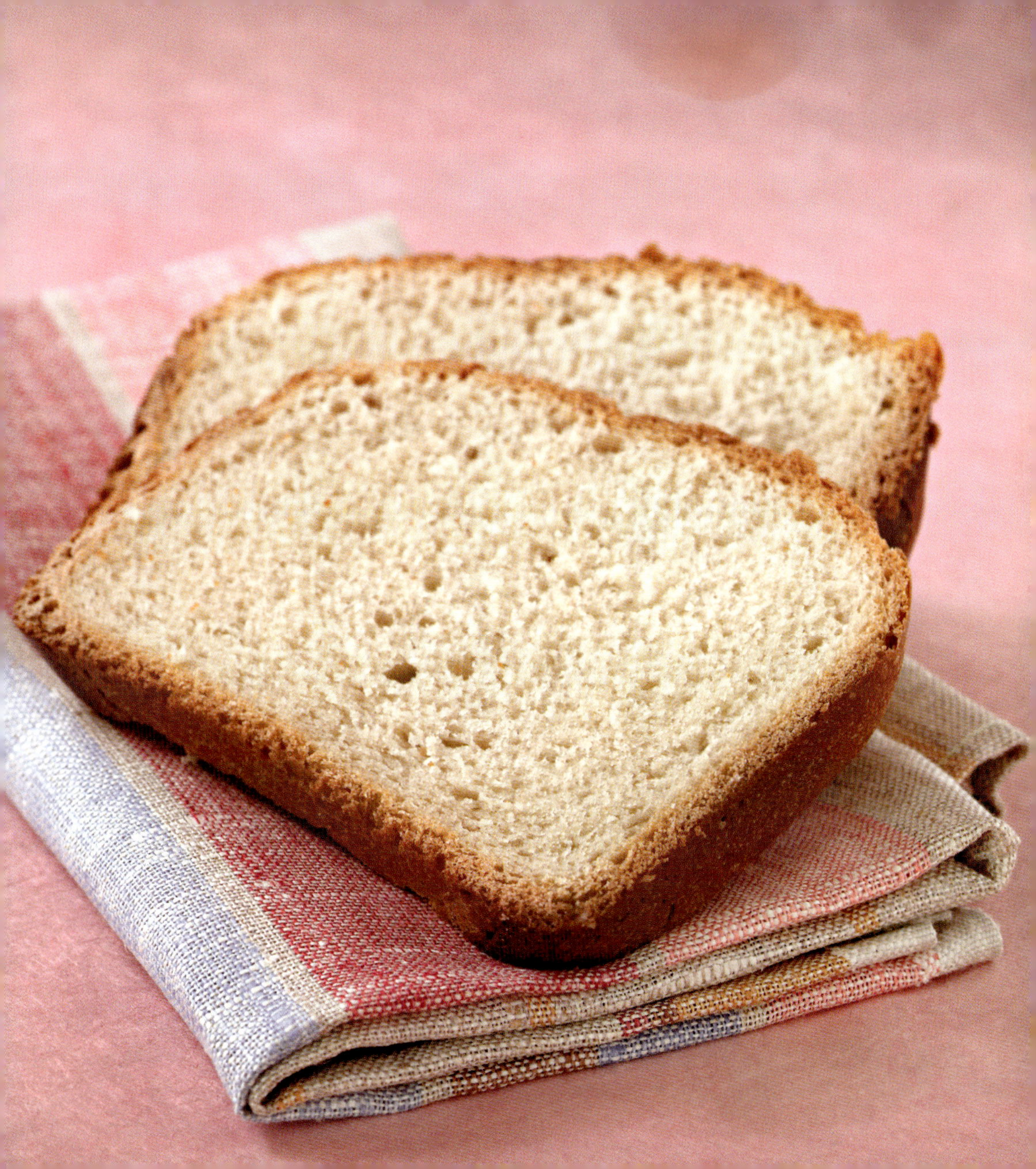

Pain brioché aux raisins

Pour 1 pain
Préparation : 15 min
Repos : 15 min
Programme pain basic : 4 h

1 sachet de levure de boulanger déshydratée
450 g de farine de blé T55
100 g de sucre semoule
1 œuf
16 cl de lait
100 g de beurre fondu
1 cuillerée à café de sel
150 g de raisins secs

1. Délayez la levure dans 3 cuillerées à soupe d'eau tiède. Laissez reposer 15 minutes. Faites tiédir le lait dans une casserole.
2. Déposez la levure et la farine dans le bac à pain de la machine.
3. Ajoutez le sucre, l'œuf battu, le lait, le beurre et le sel.
4. Lancez le programme pain basic. Ajoutez les raisins en cours de pétrissage.

Mon conseil : parfumez ce pain à la cannelle ou à la fleur d'oranger.

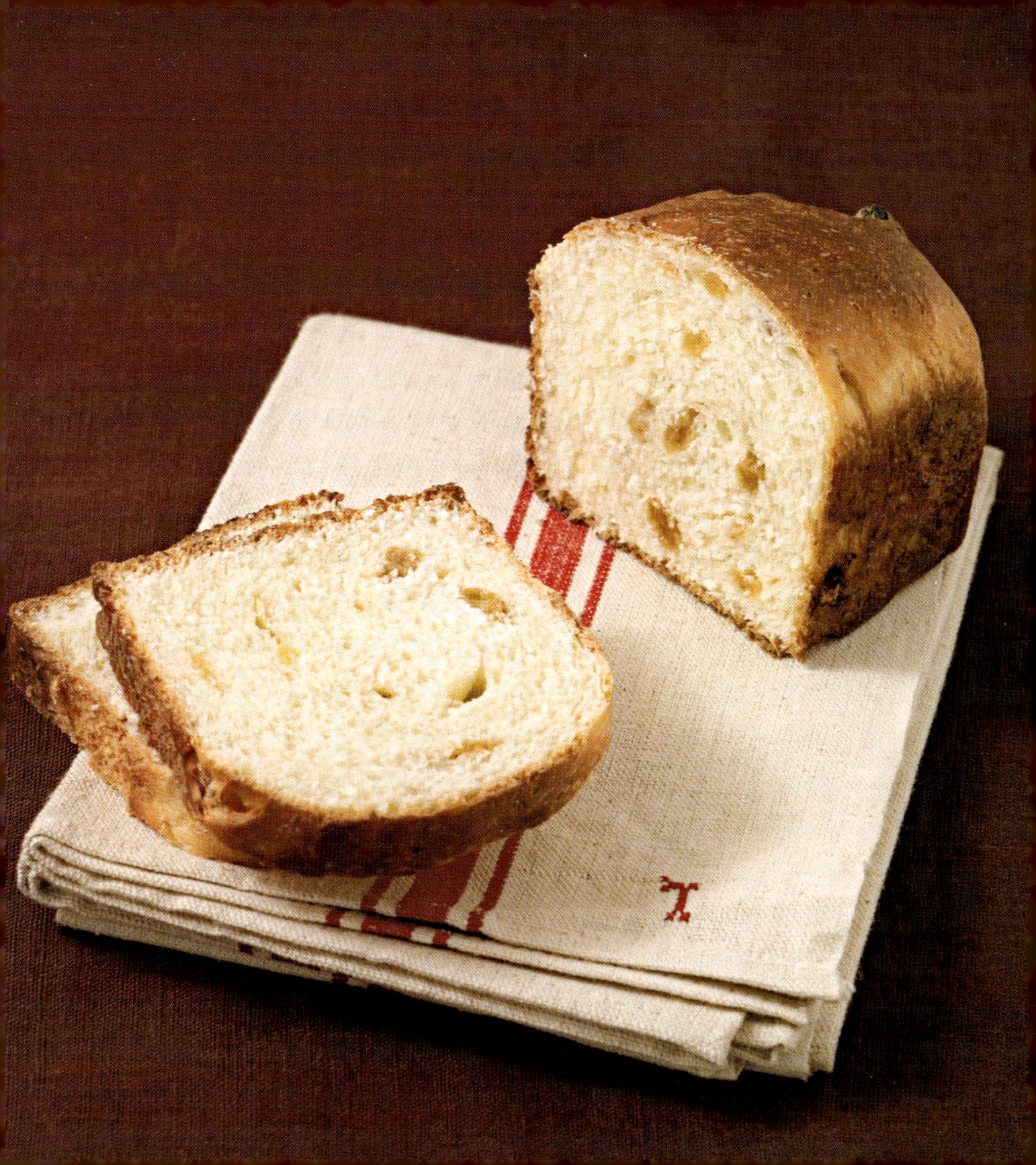

Pain banane et miel

Pour 1 pain
Préparation : 5 min
Repos : 15 min
Programme pain basic : 4 h

1 sachet de levure de boulanger déshydratée
450 g de farine de blé T55
2 bananes écrasées
3 cuillerées à soupe de miel
1 cuillerée 1/2 à soupe d'huile de tournesol
1 cuillerée à café de sel

1. Délayez la levure dans 3 cuillerées à soupe d'eau tiède. Laissez reposer 15 minutes.
2. Déposez la levure et la farine dans le bac à pain de la machine.
3. Ajoutez les bananes, le miel, l'huile, le sel et 10 centilitres d'eau tiède.
4. Lancez le programme pain basic.

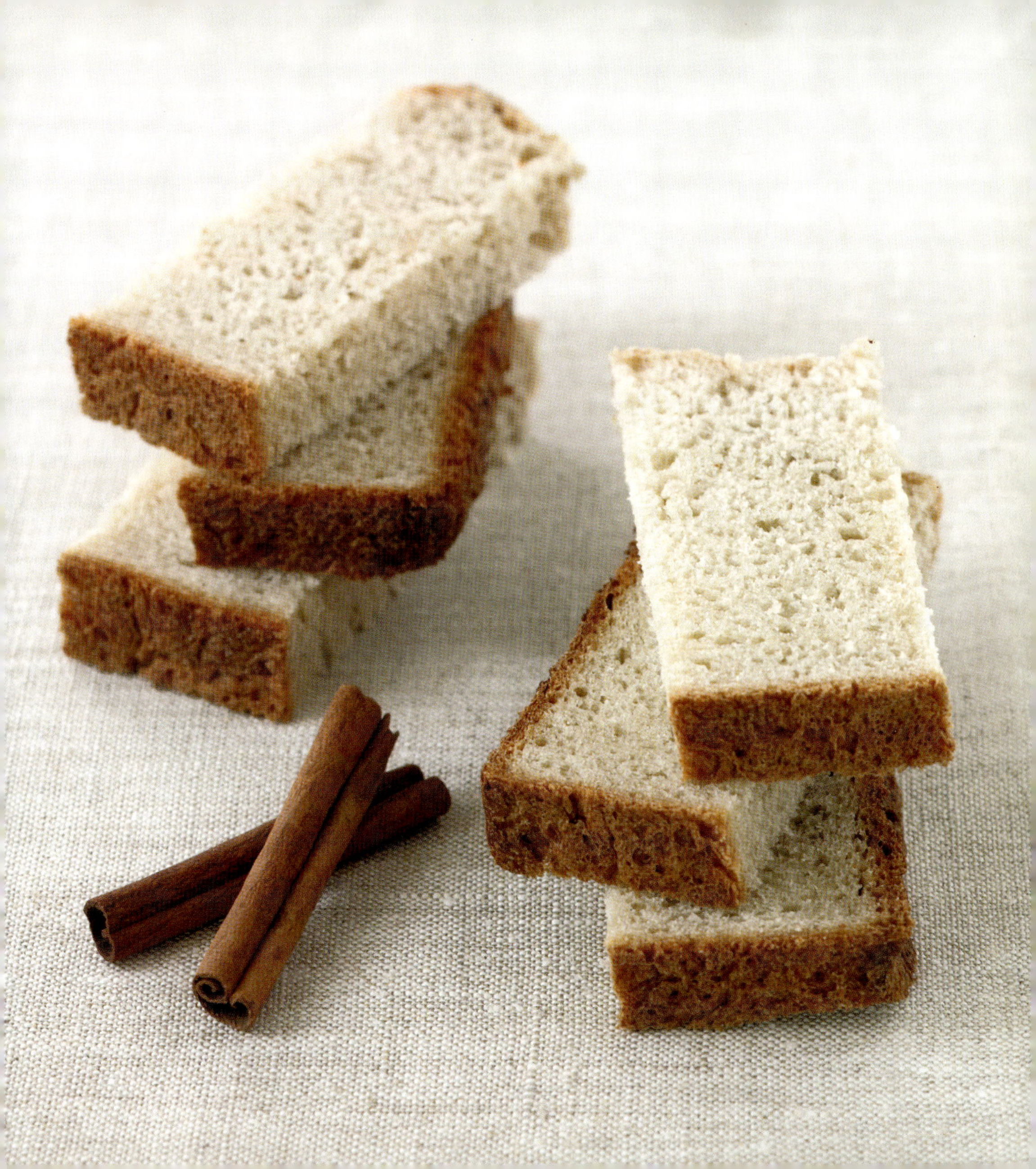

Pain moelleux au yaourt

Pour 1 pain
Préparation : 5 min
Repos : 15 min
Programme pain basic : 4 h

1 sachet de levure de boulanger déshydratée
400 g de farine de blé T55
50 g de farine de sarrasin
125 g de yaourt nature ou faisselle
50 g de sucre semoule
1 cuillerée à café de quatre-épices
1 cuillerée à café de sel
1 cuillerée à soupe d'huile de tournesol

1. Délayez la levure dans 3 cuillerées à soupe d'eau tiède. Laissez reposer 15 minutes.
2. Déposez la levure et les farines dans le bac à pain de la machine.
3. Ajoutez le yaourt, le sucre, les épices, le sel, l'huile et 17 centilitres d'eau tiède.
4. Lancez le programme pain basic.

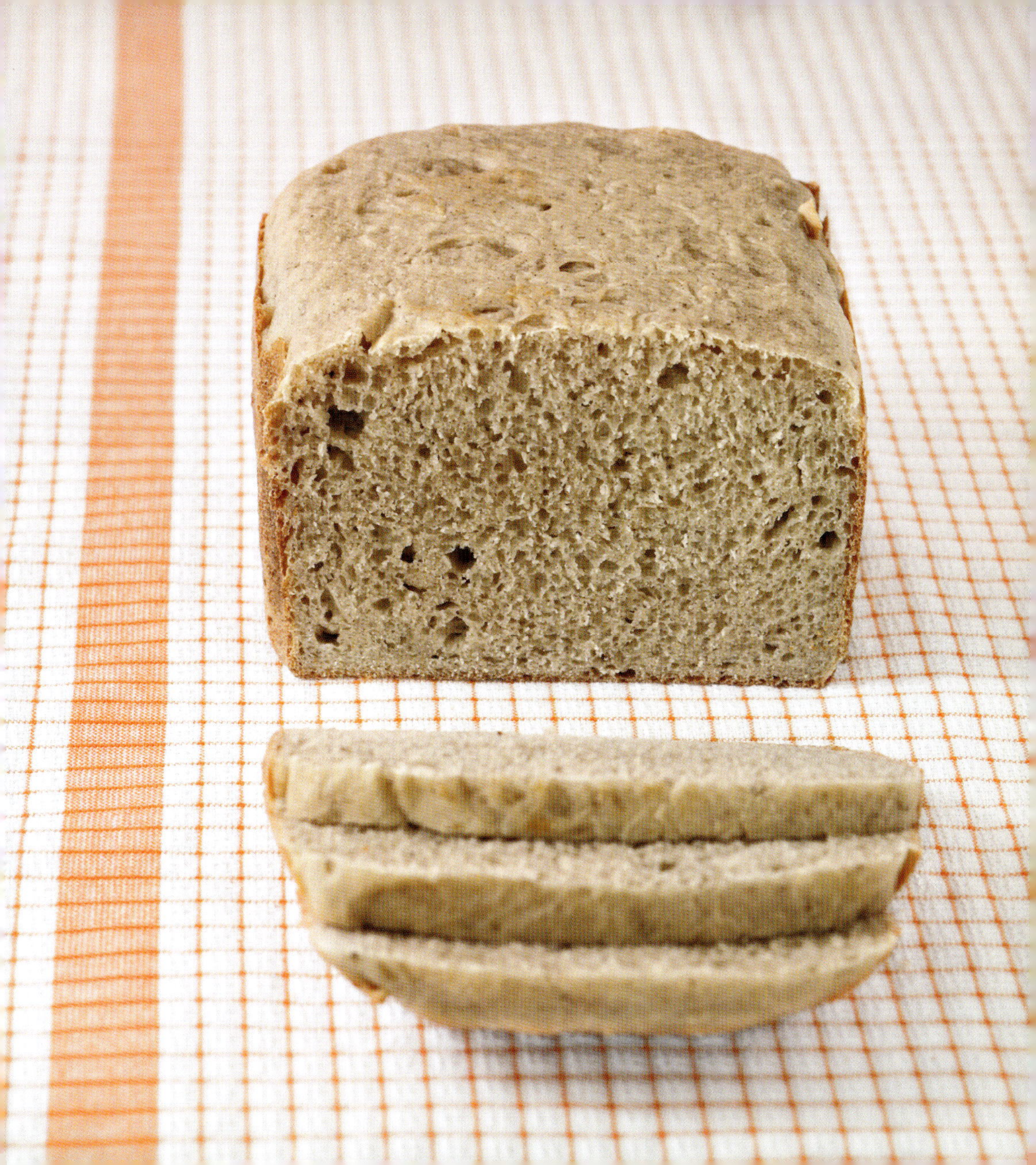

Pains aux noix et figues

Pour 2 pains
Préparation : 15 min
Cuisson : 20 min
Repos : 45 min
Programme pâte : 2 h 20

1 sachet de levure de boulanger déshydratée
300 g de farine de blé T55
50 g de farine de blé complète T180
50 g de farine de seigle
50 g de farine de sarrasin
50 g de sucre semoule
1 cuillerée à soupe d'huile de tournesol
1 cuillerée à café de sel
70 g de figues séchées
50 g de cerneaux de noix

1. Délayez la levure dans 3 cuillerées à soupe d'eau tiède. Laissez reposer 15 minutes.

2. Déposez la levure et les farines dans le bac à pain de la machine. Ajoutez le sucre, l'huile, le sel et 25 centilitres d'eau tiède. Lancez le programme pâte.

3. Posez la pâte sur un plan de travail fariné. Incorporez les figues coupées en dés et les noix. Partagez la pâte en 2 parts égales. Aplatissez chaque morceau avec la paume de la main pour chasser l'air et pliez-le en trois. Façonnez des petits pains de forme allongée.

4. Posez les pains sur la plaque du four recouverte de papier sulfurisé. Laissez lever 30 minutes dans un endroit tempéré. Faites cuire 15 à 20 minutes dans le four préchauffé à 190 °C (th. 6-7).

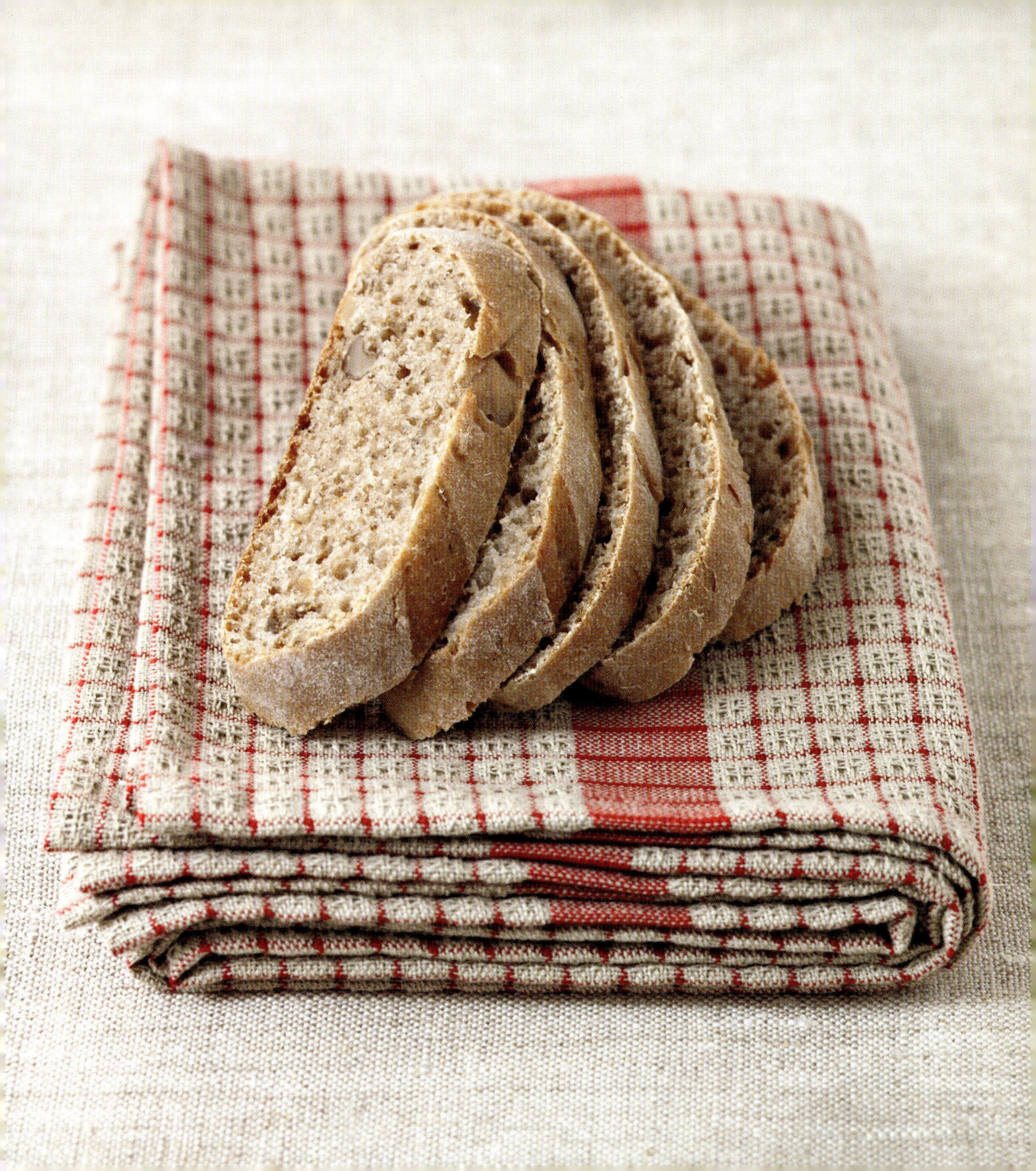

Pains viennois aux pépites de chocolat

Pour 8 pains
Préparation : 15 min
Cuisson : 20 min
Repos : 45 min
Programme pâte : 2 h 20

1 sachet de levure de boulanger déshydratée
450 g de farine de blé T55
24 cl de lait
50 g de beurre fondu
30 g de sucre semoule
1 cuillerée à café de sel
60 g de pépites de chocolat

1. Délayez la levure dans 3 cuillerées à soupe d'eau tiède. Laissez reposer 15 minutes.

2. Déposez la levure et la farine dans le bac à pain de la machine. Ajoutez le lait, le beurre, le sucre et le sel. Lancez le programme pâte.

3. Posez la pâte sur un plan de travail fariné. Incorporez les pépites de chocolat. Séparez la pâte en 8 parts égales. Aplatissez chaque morceau avec la paume de la main pour chasser l'air. Façonnez-le en boule puis en long boudin. Roulez le boudin sur lui-même.

4. Posez les pains roulés sur la plaque du four recouverte de papier sulfurisé. Laissez lever 30 minutes dans un endroit tempéré. Faites cuire 15 à 20 minutes dans le four préchauffé à 190 °C (th. 6-7).

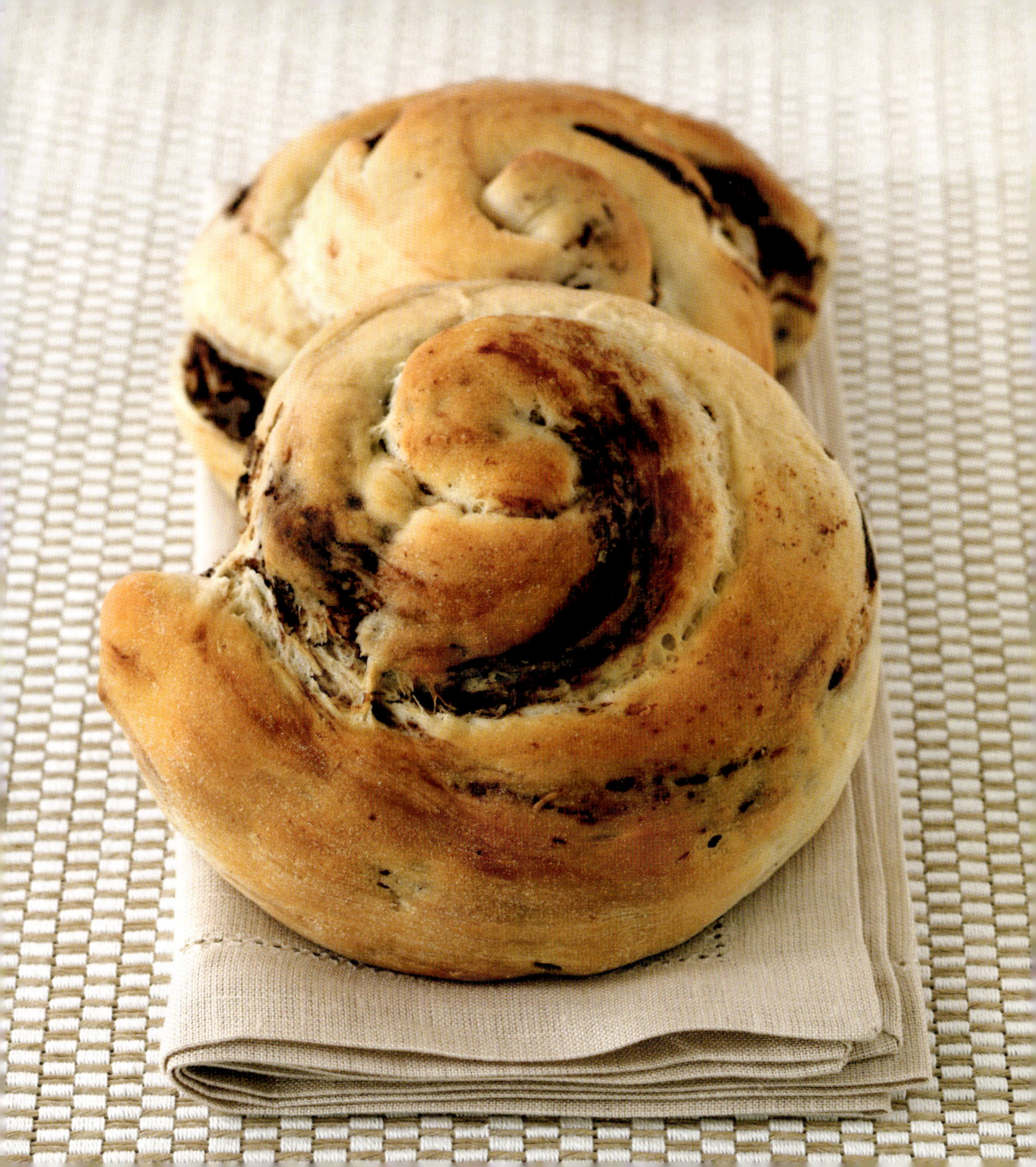

Briochettes à la fleur d'oranger

Pour une dizaine de briochettes
Préparation : 15 min
Cuisson : 20 min
Repos : 45 min
Programme pâte : 2 h 20

1 sachet de levure de boulanger déshydratée
300 g de farine de blé T55
45 g de sucre semoule
1 œuf
5 cl de lait
1 cuillerée à soupe d'eau de fleur d'oranger
1 cuillerée à soupe de zestes d'orange
50 g de beurre
1 pincée de sel

1. Délayez la levure dans 3 cuillerées à soupe d'eau tiède. Laissez reposer 15 minutes.

2. Déposez la levure et la farine dans le bac à pain de la machine. Ajoutez l'œuf battu et le reste des ingrédients. Lancez le programme pâte.

3. Posez la pâte sur un plan de travail fariné. Partagez-la en une dizaine de parts égales. Aplatissez chaque morceau avec la paume de la main pour chasser l'air et pliez-le en trois. Façonnez des pains en forme de boules. Déposez-les dans des petits moules à briochettes.

4. Laissez lever 30 minutes dans un endroit tempéré. Faites cuire 30 minutes dans le four préchauffé à 190 °C (th. 6-7).

Mon conseil : vous pouvez badigeonner les brioches de jaune d'œuf pour qu'elles soient bien dorées.

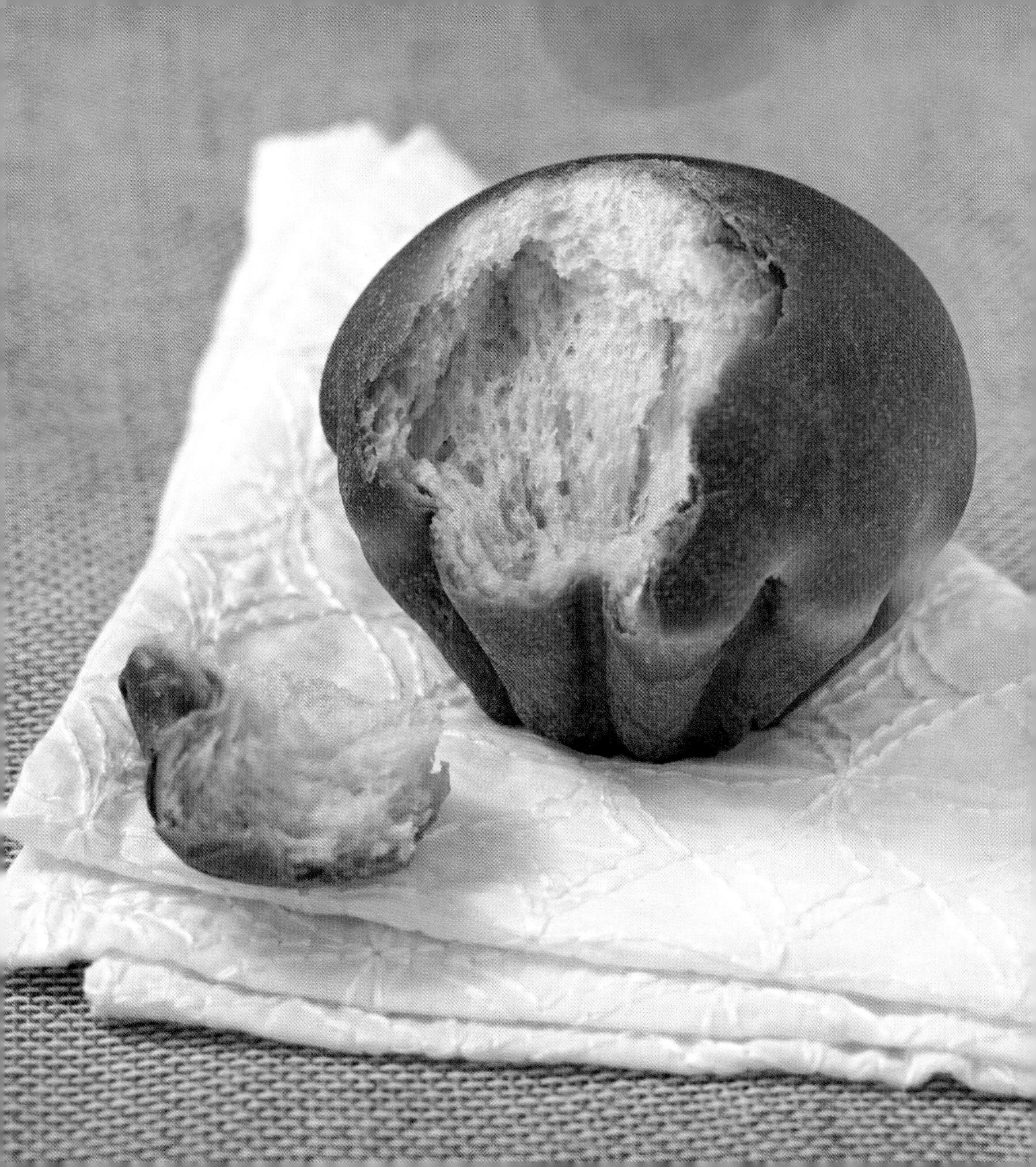

Petits pains aux pistaches

Pour une dizaine de petits pains
Préparation : 30 min
Cuisson : 15 min environ
Repos : 45 min
Programme pâte : 2 h 20

1 sachet de levure de boulanger déshydratée
130 g de pistaches
300 g de farine de blé T55
100 g de farine de blé complète T180
1 œuf
15 cl de lait tiède
40 g de beurre
2 cuillerées à soupe de miel
Lait pour dorer

1. Délayez la levure dans 3 cuillerées à soupe d'eau tiède. Laissez reposer 15 minutes.

2. Décortiquez les pistaches et mixez-les grossièrement. À l'aide d'un fouet, battez l'œuf dans un saladier. Dans une casserole, faites fondre le beurre. Déposez la levure et les farines dans le bac à pain de la machine, puis ajoutez la moitié des pistaches, l'œuf battu et le reste des ingrédients. Lancez le programme pâte.

3. Posez la pâte sur un plan de travail fariné. Partagez-la en une dizaine de parts égales. Aplatissez chaque morceau avec la paume de la main pour chasser l'air. Façonnez les petits pains. Badigeonnez-les d'un peu de lait et saupoudrez des pistaches restantes.

4. Laissez lever 30 minutes. Faites cuire 15 minutes environ dans le four préchauffé à 190 °C (th. 6-7).

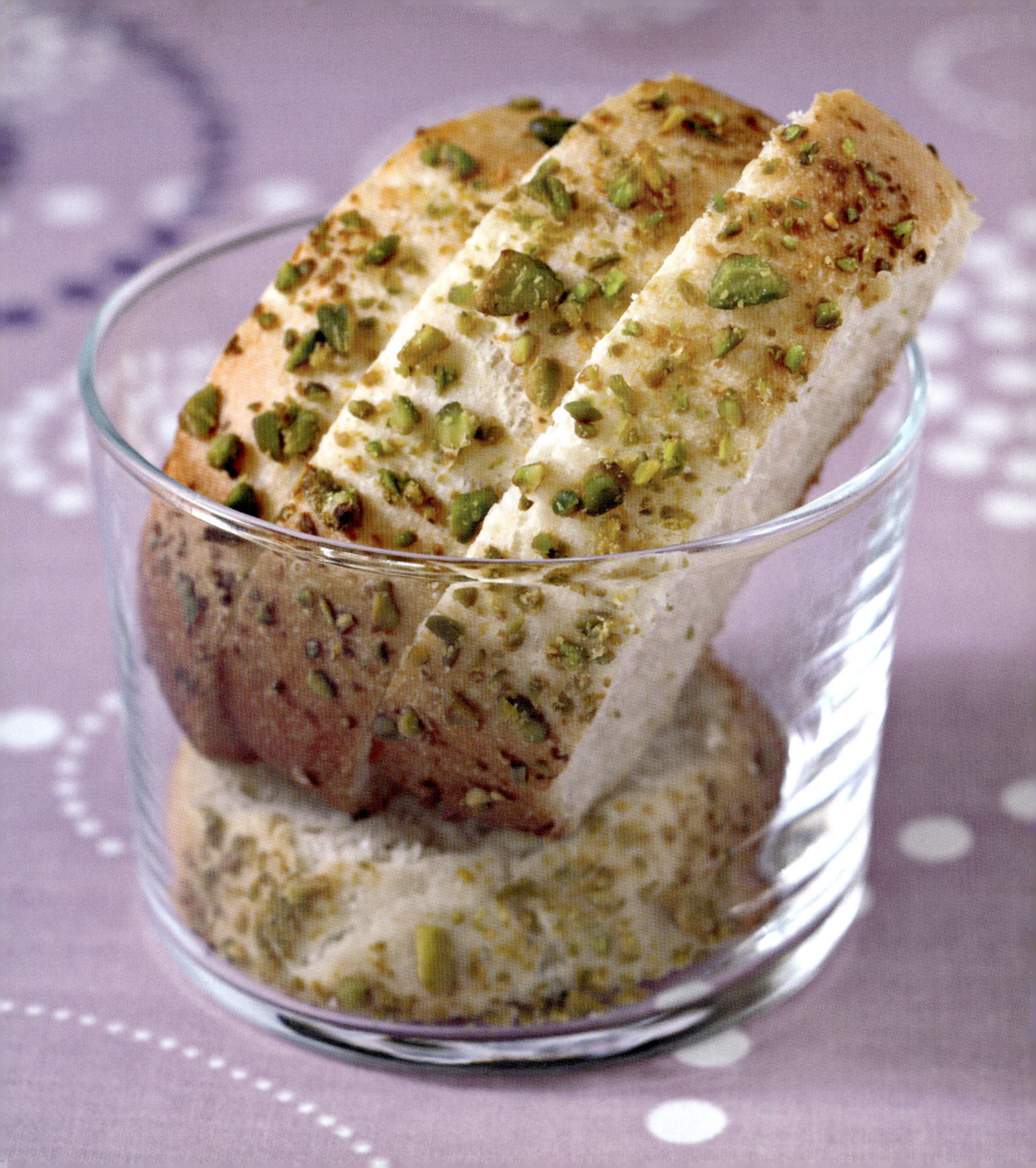

Kouglof aux raisins

Pour 1 kouglof (ou une vingtaine de mini-kouglofs)
Préparation : 15 min
Cuisson : 30 min
Repos : 1 h
Programme pâte : 2 h 20

1 sachet de levure rapide type Briochin®
250 g de farine de blé T55
50 g de sucre semoule
1 œuf
8 cl de lait
50 g de beurre
1 cuillerée à soupe de rhum
100 g de raisins secs
1 cuillerée à café de sel

1. À l'aide d'un fouet, battez l'œuf dans un saladier. Dans une casserole, faites fondre le beurre.

2. Dans le bac à pain de la machine déposez la levure et la farine. Ajoutez le sucre, l'œuf, le lait, le beurre fondu, le rhum et le sel. Lancez le programme pâte. Incorporez les raisins en cours de pétrissage.

3. Posez la pâte sur un plan de travail fariné. Aplatissez-la avec la paume de la main pour chasser l'air et pliez-la en trois. Façonnez-la en boule. Faites un trou au centre et déposez-la dans un moule à kouglof préalablement beurré et fariné.

4. Laissez lever 1 heure dans un endroit tempéré. Faites cuire 30 minutes dans le four préchauffé à 190 °C (th. 6-7).

Mon conseil : vous pouvez partager la pâte en une vingtaine de petites boules et les faire cuire dans des moules à mini-kouglofs en silicone.

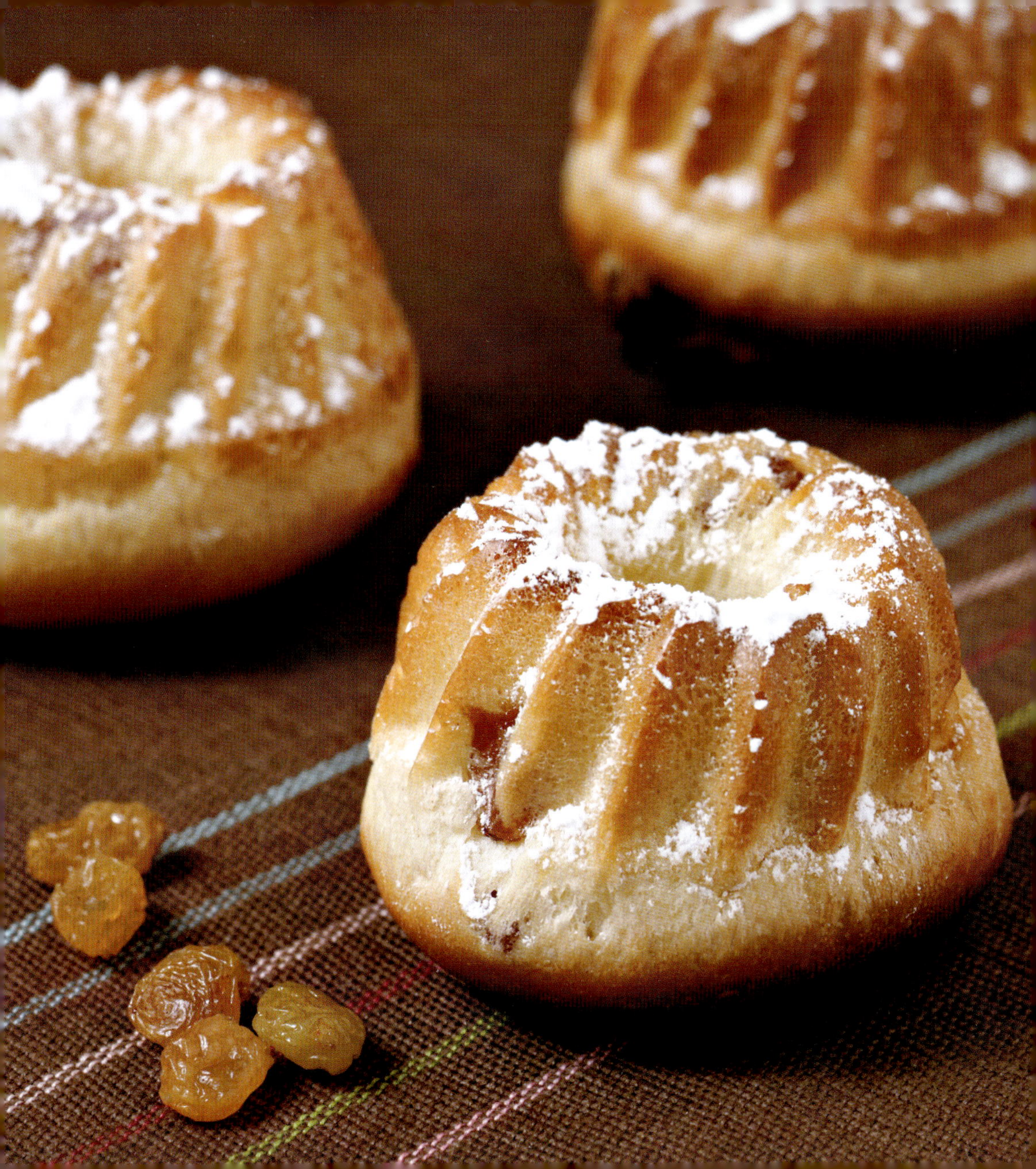

Petits pains à la farine de châtaigne

Pour une quinzaine de
petits pains
Préparation : 15 min
Cuisson : 30 min
Repos : 45 min
Programme pâte : 2 h 20

1 sachet de levure de boulanger déshydratée
300 g de farine de blé T55
150 g de farine de châtaigne
20 g de sucre semoule
1 cuillerée à café de sel

1. Délayez la levure dans 3 cuillerées à soupe d'eau tiède. Laissez reposer 15 minutes.

2. Déposez la levure et les farines dans le bac à pain de la machine. Ajoutez le sucre, le sel et 24 centilitres d'eau tiède. Lancez le programme pâte.

3. Posez la pâte sur un plan de travail fariné. Partagez-la en une quinzaine de parts égales. Aplatissez chaque morceau avec la paume de la main pour chasser l'air. Façonnez des petits pains en forme de boule et déposez-les sur la plaque du four recouverte de papier sulfurisé (ou dans des petits moules en silicone).

4. Laissez lever 30 minutes dans un endroit tempéré. Faites cuire environ 30 minutes dans le four préchauffé à 190 °C (th. 6-7).

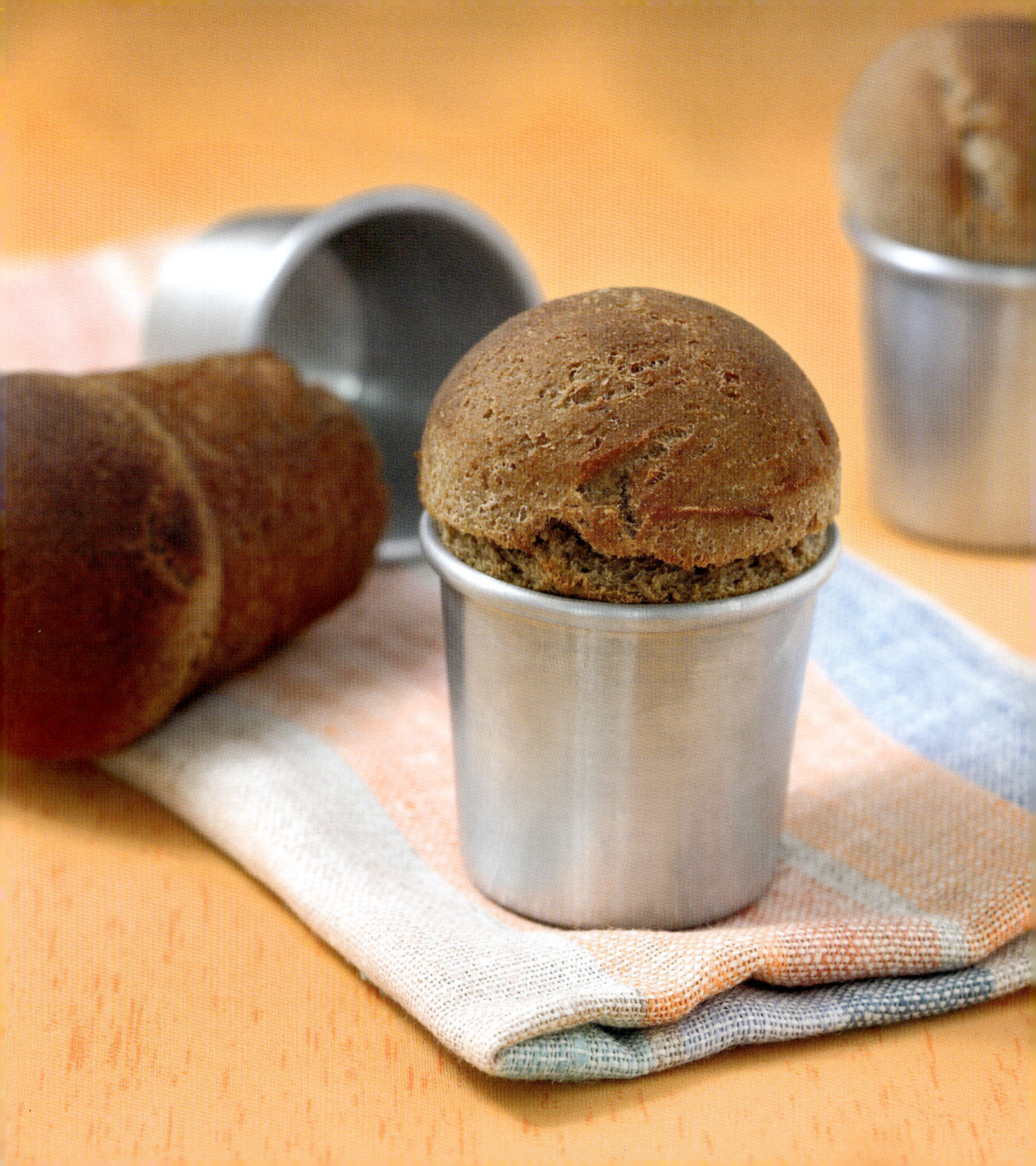

Petits pains au lait de soja

Pour une dizaine de petits pains
Préparation : 15 min
Cuisson : 15 min
Repos : 45 min
Programme pâte : 2 h 20

1 sachet de levure de boulanger déshydratée
450 g de farine de blé T55
22 cl de lait de soja
60 g de sucre semoule
1 cuillerée à café de cardamome
1 cuillerée à soupe d'huile de tournesol
1 cuillerée à café de sel

1. Délayez la levure dans 3 cuillerées à soupe d'eau tiède. Laissez reposer 15 minutes.

2. Déposez la levure et la farine dans le bac à pain de la machine. Ajoutez le lait de soja, le sucre, la cardamome, l'huile et le sel. Lancez le programme pâte.

3. Posez la pâte sur un plan de travail fariné. Partagez-la en une dizaine de parts égales. Aplatissez chaque morceau avec la paume de la main pour chasser l'air. Façonnez des petits pains.

4. Posez les pains sur la plaque du four recouverte de papier sulfurisé. Laissez lever 30 minutes dans un endroit tempéré. Faites cuire 10 à 15 minutes dans le four préchauffé à 190 °C (th. 6-7).

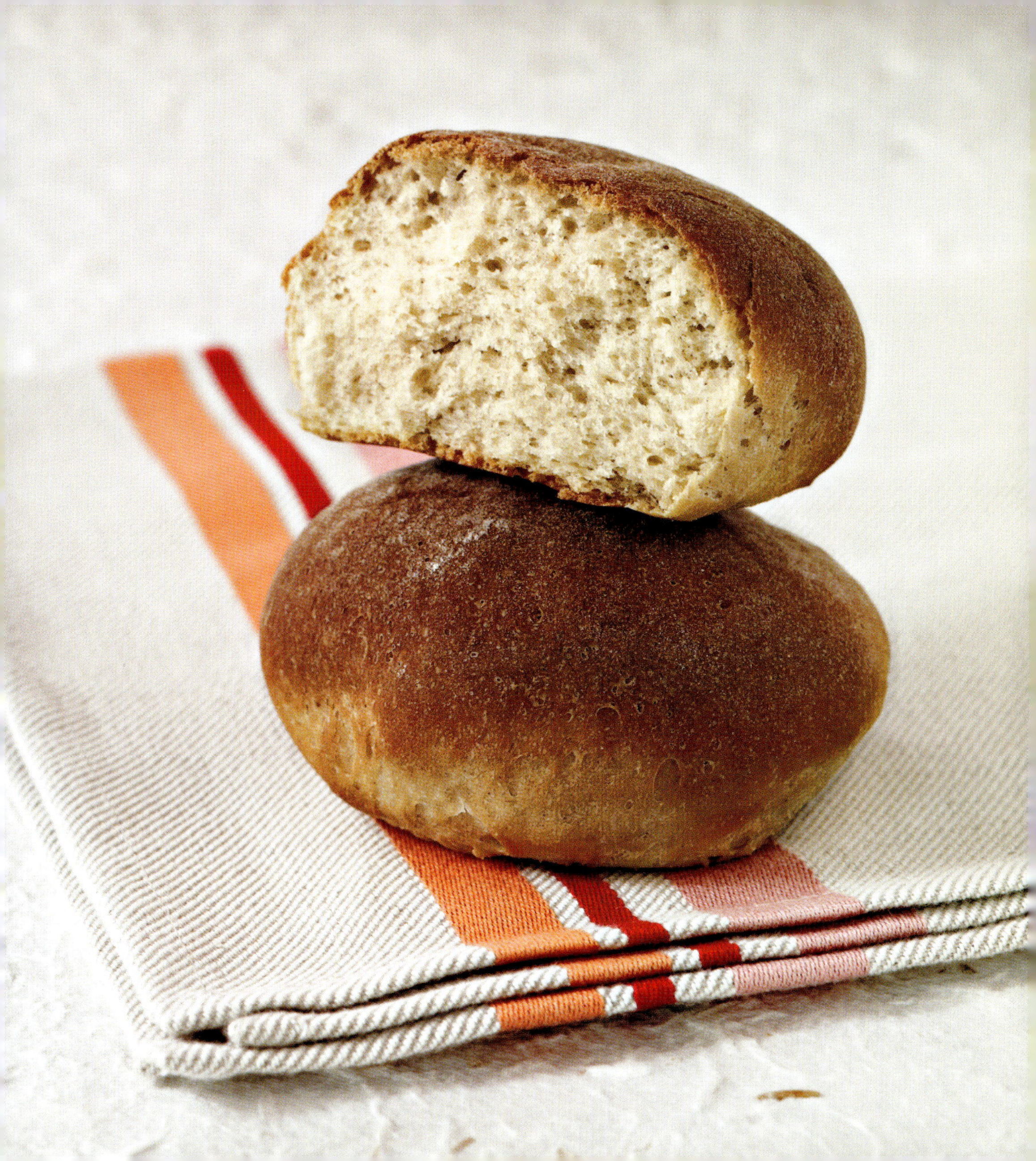

Pains marguerites à la vanille

Pour 4 marguerites
Préparation : 15 min
Cuisson : 15 à 20 min
Repos : 45 min
Programme pâte : 2 h 20

1 sachet de levure de boulanger déshydratée
450 g de farine de blé T55
2 sachets de sucre vanillé
22 cl de lait
30 g de beurre
1 cuillerée à café d'extrait de vanille
1 cuillerée à café de sel

1. Délayez la levure dans 3 cuillerées à soupe d'eau tiède. Laissez reposer 15 minutes.

2. Dans une casserole, faites fondre le beurre. Déposez la levure et la farine dans le bac à pain de la machine. Ajoutez le beurre fondu et le reste des ingrédients. Lancez le programme pâte.

3. Posez la pâte sur un plan de travail fariné. Partagez-la en 4 parts égales et chaque part en 7 morceaux. Aplatissez les morceaux de pâte avec la paume de la main pour chasser l'air et roulez-les en boules.

4. Déposez les pains en forme de marguerite sur la plaque du four recouverte de papier sulfurisé. Laissez lever 30 minutes. Faites cuire 15 à 20 minutes dans le four préchauffé à 190 °C (th. 6-7).

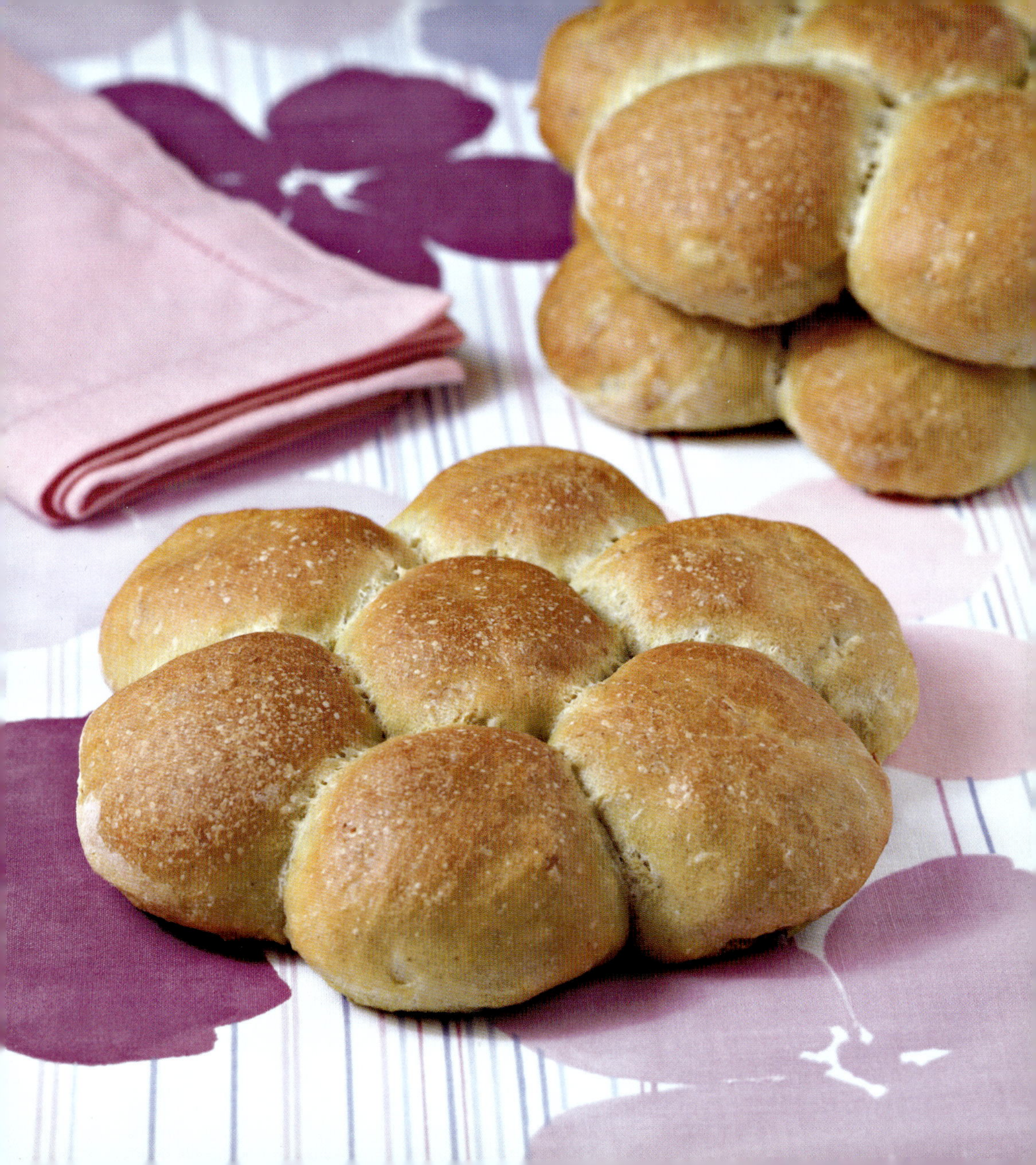

Petits pains aux noisettes

Pour une quinzaine de petits pains
Préparation : 15 min
Cuisson : 15 à 20 min
Repos : 45 min
Programme pâte : 2 h 20

1 sachet de levure de boulanger déshydratée
350 g de farine de blé T55
100 g de farine de seigle
50 g de sucre semoule
30 g de beurre
1 pincée de sel
50 g de noisettes

1. Délayez la levure dans 3 cuillerées à soupe d'eau tiède. Laissez reposer 15 minutes.

2. Dans une casserole, faites fondre le beurre. Déposez la levure et les farines dans le bac à pain de la machine. Ajoutez le sucre, le beurre fondu, le sel et 25 centilitres d'eau tiède. Lancez le programme pâte. Ajoutez les noisettes en cours de pétrissage.

3. Posez la pâte sur un plan de travail fariné. Partagez-la en une quinzaine de parts égales. Aplatissez chaque morceau avec la paume de la main pour chasser l'air et pliez-le en trois. Façonnez des petits pains en forme de boule.

4. Posez les pains sur la plaque du four recouverte de papier sulfurisé. Laissez lever 30 minutes. Faites cuire 15 à 20 minutes dans le four préchauffé à 190 °C (th. 6-7).

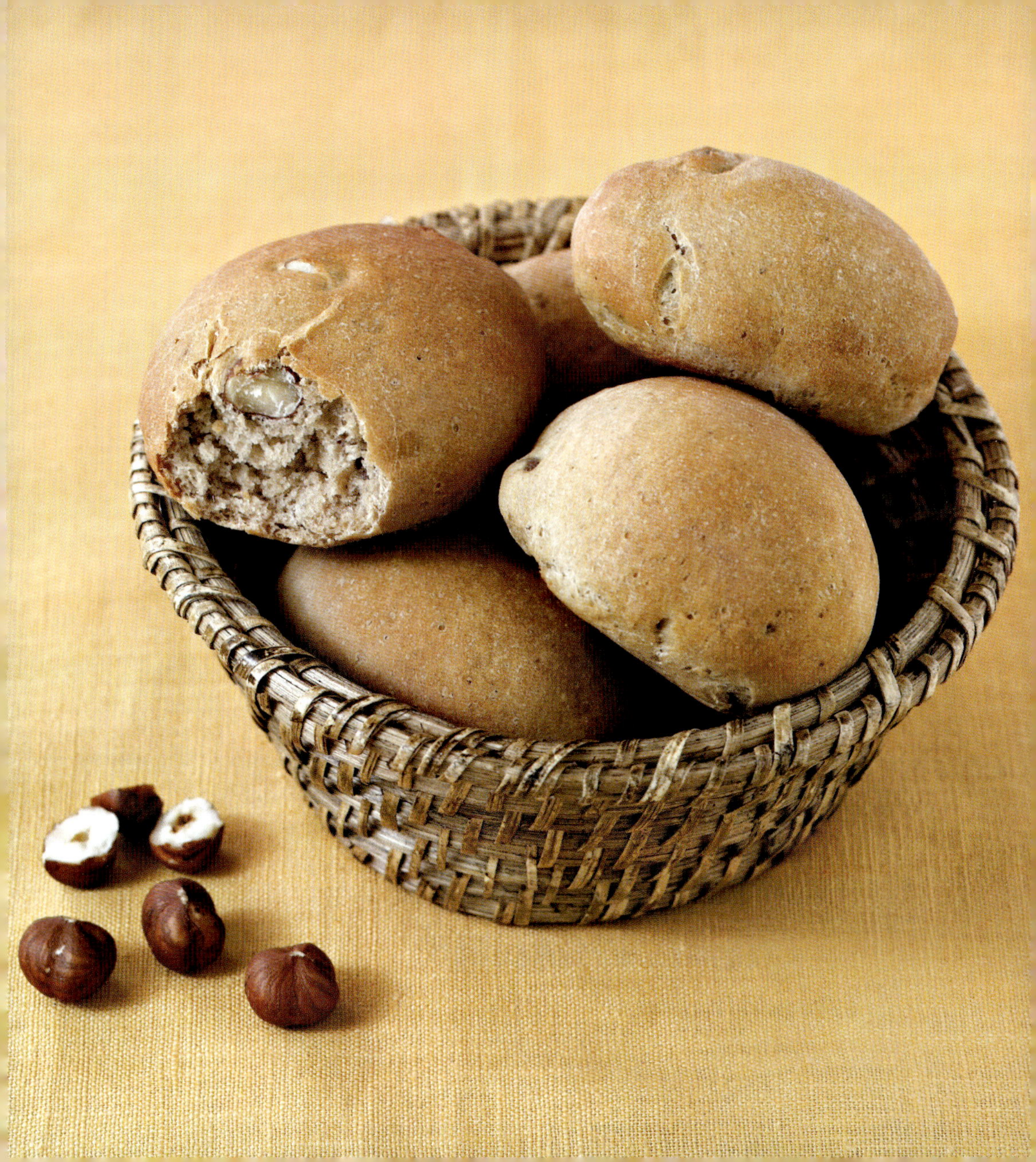

Pains hérissons

Pour une dizaine de hérissons
Préparation : 15 min
Cuisson : 15 min
Repos : 45 min
Programme pâte : 2 h 20

1 sachet de levure de boulanger déshydratée
450 g de farine de blé T55
100 g de sucre semoule
75 g de beurre battu
1 cuillerée à café de sel

1. Délayez la levure dans 3 cuillerées à soupe d'eau tiède. Laissez reposer 15 minutes.

2. Déposez la levure et la farine dans le bac à pain de la machine. Ajoutez le sucre, le beurre, le sel et 22 centilitres d'eau tiède. Lancez le programme pâte.

3. Posez la pâte sur un plan de travail fariné. Partagez-la en une dizaine de parts égales. Aplatissez chaque morceau avec la paume de la main pour chasser l'air et façonnez-le en boule allongée.

4. Posez les pains sur la plaque du four recouverte de papier sulfurisé. À l'aide de ciseaux, coupez la pâte pour faire des pics. Laissez lever 30 minutes. Faites cuire 15 minutes dans le four préchauffé à 190 °C (th. 6-7).

Mon conseil : Pour dessiner les yeux utilisez un crayon à pâtisserie .

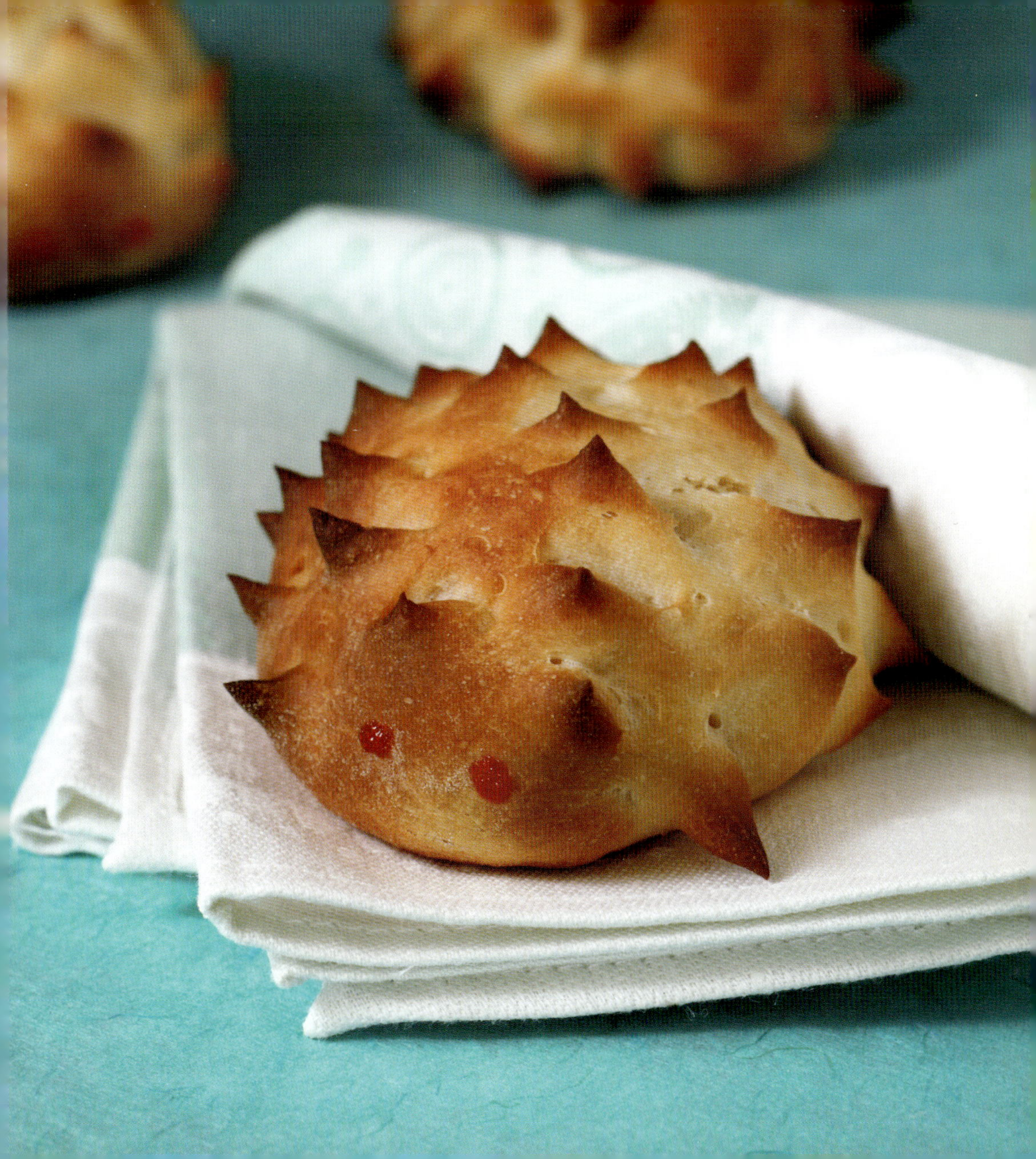

Petites tortues briochées

Pour 7 tortues
Préparation : 15 min
Cuisson : 15 min
Repos : 45 min
Programme pâte : 2 h 20

1 sachet de levure de boulanger déshydratée
450 g de farine de blé T55
50 g de sucre semoule
22 cl de lait
30 g de beurre battu
1 cuillerée à café de sel

1. Délayez la levure dans 3 cuillerées à soupe d'eau tiède. Laissez reposer 15 minutes.

2. Déposez la levure et la farine dans le bac à pain de la machine. Ajoutez le reste des ingrédients. Lancez le programme pâte.

3. Posez la pâte sur un plan de travail fariné. Partagez-la en 7 parts égales. Pour chaque part, prélevez 4 petites boules pour les pattes, une moyenne pour la tête et la grosse pour le corps. Façonnez les tortues sur la plaque du four recouverte de papier sulfurisé.

4. Laissez lever 30 minutes dans un endroit tempéré. Faites cuire 15 minutes dans le four préchauffé à 190 °C (th. 6-7).

Mon conseil : Pour dessiner les yeux utilisez un crayon à pâtisserie.

Remerciements

À la boutique de décoration :
Ligne Claire – 6, boulevard Garibaldi – 75015 Paris

À Panasonic, pour leur machine à pain SD-253

À Céline, pour son coup de pinceau magique

DANS LA MÊME COLLECTION

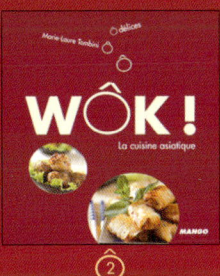

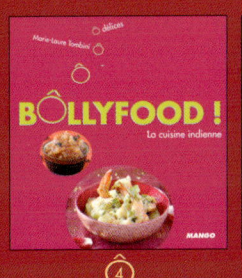

① GÂTÔ ! Instants sucrés
② WÔK ! La cuisine asiatique
③ SPAGHETTÔ ! Pâtes et sauces
④ BÔLLYFOOD ! La cuisine indienne
⑤ Légumes CROQUANTS !
⑥ APÉRÔ ! Bouchées craquantes
⑦ BÔ FRUITS !
⑧ MAROCCÔ ! La cuisine marocaine
⑨ CHOCÔLAT ! Anti-déprime

Édition : Barbara Sabatier
Conception graphique :
Béatrice Patrat et Julie Mathieu

©2007 Éditions Mango
Tous droits de traduction,
de reproduction
et d'adaptation
strictement réservés
pour tous pays.
www.editions-mango.com

N° d'édition : M07169
ISBN : 978 2-84270-650-0
Photogravure : Alliage
Achevé d'imprimer
en novembre 2007
par Pollina - France - L45008
Dépôt légal : septembre 2007
Édition N°2

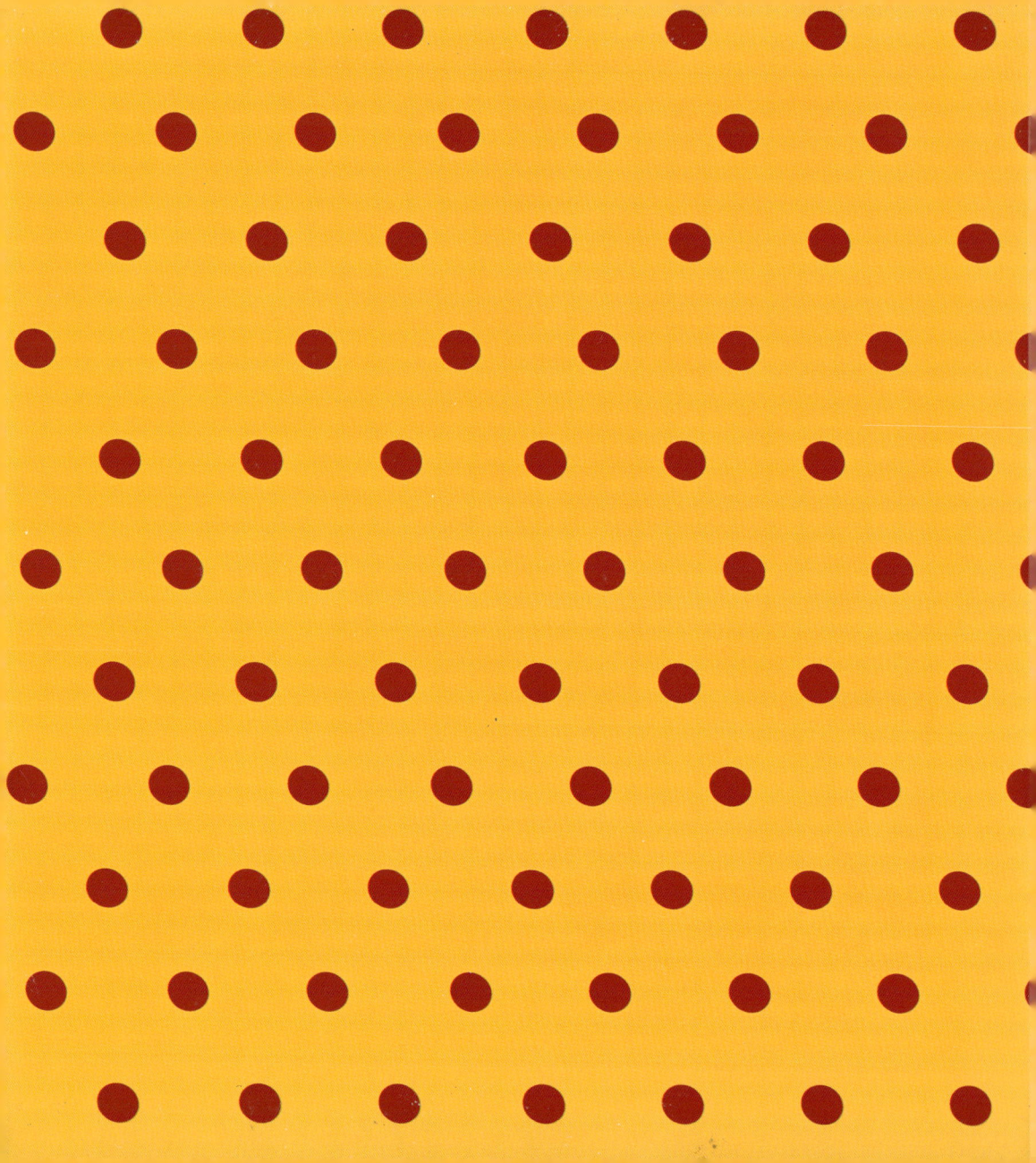